Peter Landgraf

# Mit dem Kondor über die Anden
## Von Peru nach Bolivien, Argentinien, Brasilien

Peter Landgraf

# Mit dem Kondor über die Anden

Von Peru nach Bolivien, Argentinien, Brasilien

© 2011 Peter Landgraf
Alle Rechte vorbehalten

Herstellung und Verlag: Books on Demand GmbH, Norderstedt
Printed in Germany
Text und Umschlaggestaltung: Peter Landgraf
Quellen- und Bildnachweis siehe Seite 113
Internet: www.peterlandgraf.de

ISBN 978-3-8423-6122-5

Die Deutsche Bibliothek verzeichnet diese Publikation in der Deutschen Nationalbibliografie; detaillierte bibliografische Daten sind im Internet abrufbar über http://dnb.ddb.de

Titelbild: Monte Alpamayo – Cordillera Central, Peru,
Brad Mering, Wikimedia Commons gemeinfrei

# Inhalt

El Cóndor pasa

Die Art, wie er mit Grandezza seine schwarze Haarsträhne aus dem Gesicht streicht, gleicht einer Inszenierung, sein Outfit jenem eines selbstbewussten und zugleich stolzen Tangotänzers aus Argentinien: schwarzer Seidenanzug, darunter ein rotes Hemd mit übergroßem Kragen, darüber ein knöchellanger schwarzer Mantel mit aufgestelltem Revers und um den Hals als farbiges Kontrastprogramm ein locker geschlungener weißer Schal. Auf den schwarzen Lackschuhen und am Gürtel glänzen Goldembleme, an einer Hand ein Siegelring. Er mag Ende fünfzig sein. Über der Schulter trägt er an langen Riemen eine Umhängetasche aus feinem, schwarzem Nappaleder. In der Hand mit dem Ring hält er lässig eine Plastiktüte vom Duty Free Shop, in der sich zwei Flaschen Johnny Walker im Karton befinden – Black Lable, wie könnte es auch anders sein. Für das Fotoshooting einer Agentur, die eine Werbekampagne für eine Tangoshow vorbereitet, wäre er der geeignete Typ. Die Einschätzung scheint stimmig. Zusammen mit einer streng blickenden Begleiterin mit glatt zurückgekämmten und am Hinterkopf geknoteten Haaren und einem mit mehreren Fototaschen beladenen Mann checkt er am Schalter der Varig nach Buenos Aires ein.

Ich blicke auf die Uhr. Es ist 06:35 Uhr am frühen Morgen. Nach einem elfstündigen Nachtflug landeten wir vor einer Stunde auf dem Aeroporto Internacional de Sao Paulo in Brasilien.

Die durch den langen Flug steif gewordenen Glieder in Bewegung bringend durchstreifen wir unausgeschlafen die Halle des Terminals, gehen hinauf und hinunter, vorbei an dunklen, wie tot wirkenden noch nicht geöffneten Schaltern mit ihren ausgeschalteten Lampen, die tief liegenden und erstarrten Augen gleichen, vorbei an wie durch einen Sturm durcheinander geworfenen Schlafenden, die dahindämmernd auf ihren Anschlussflug warten und die Nacht über auf ihrem Gepäck oder den wenigen armseligen Stühlen und Bänken mit zerschlissenen Polstern ruhen. Nur vom Schalter der Varig fällt etwas Licht in das Schiff des Terminals und vom Cafe ‚Via Mund' schräg gegenüber. Dort lassen wir uns nieder und überbrücken die Langeweile des Wartens mit einem Milchkaffee.

Vor mich hinträumend musste ich während des vorangegangenen langen Fluges und jetzt noch einmal an die aufwühlende Erzählung des Franzosen Antoine de Saint-Exupéry denken, an den Postflieger im „Südkurier", dessen Strecke wir nach Überquerung der Rhone von Südfrankreich über Spanien, Marokko und Mauretanien bis Dakar im Senegal folgten.

Am Cabo Verde und nahe der Île de Gorée schlug der Pilot Südwestkurs ein, um auf dem kürzesten Weg den Atlantik zu überfliegen und Brasilien zu erreichen. Die Niederländer nannten die Insel Goede Reede, Sicherer Hafen. Welch ein Hohn! Zweihundertfünfzig Jahre lang wurden von dort afrikanische Sklaven nach Amerika verschifft. Noch heute wird der Durchlass eines festungsartigen Gebäudes zum Meer als „porte sans retour" bezeichnet, als „Tor ohne Wiederkehr". Meist blieb ein Viertel der menschlichen Ladung, unterernährt und an Skorbut erkrankt, auf der Strecke. Wir dagegen saßen warm, bekamen mehrfach zu essen und zu trinken und die Elemente bestürmten das Fluggerät nicht, während es zuverlässig seine tonnenschwere Last ans Ziel brachte.

Eine Durchsage holt mich aus meiner Versunkenheit zurück, der Aufruf für unseren Weiterflug nach Lima. Wir wollen einige Ecken Perus und Boliviens bereisen und über Argentinien und Brasilien wieder den Heimflug antreten. Siebzehn Tage werden wir unterwegs sein, fünfzehn davon vor Ort.

Die Weite des südamerikanischen Kontinents liegt bald unter uns. Der anfangs von Bergen durchzogene subtropische Regenwald geht jenseits des Río Paraná in das endlose Grün des Pantanal über, jenes sumpfige Überschwemmungsgebiet des brasilianischen Bundesstaates Mato Grosso do Sul, das abwechselnd von undurchdringlichen Wäldern, zahlreichen kleineren Flüssen und Seen durchzogen den Menschen fast keinen Raum für eine Besiedelung lässt.

Jenseits des Río Paraguay, des zweiten großen Flusses den wir überfliegen, ändert sich die Landschaft schlagartig, sie wird trockener. Wir haben die Savannen des Gran Chaco erreicht, eine Region mit Tro-

8

ckenwäldern und Dornbuschsavannen. Pumas, Tapire und Wildschweine sollen hier leben. Kultivierte Flächen folgen.

Dann, nach einem schmalen, erneut tiefgrünen Band tropischer Wälder, wölbt sich die Erde unvermittelt steil nach oben, als wolle sie uns Einhalt gebieten und am Weiterflug hintern. Wir haben die östliche Andenkette, die Cordillera Oriental erreicht. Zum Greifen nahe, schneebedeckte Gipfel gleiten unter uns vorbei, einer schöner, majestätischer als der andere, von der Sonne angeleuchtet, von Tälern und glänzenden Gletschern durchzogen.

Flötenmusik tönt zart aus den Bordlautsprechern. Der Pilot sorgt für die passende Stimmung. Hohe Töne formen das bekannte Lied „El Cóndor pasa", der „Kondor zieht vorbei". Oft lauschte ich dieser verzaubernden Melodie während meiner Reisevorbereitungen. Sie steigerte mein Fernweh zur Sehnsucht nach dieser fremden wie geheimnisvollen Region. Im Internet fand ich einen Blogspot mit verschiedenen Interpreten. Die Yawar Inca Perú erklärte ich zu meiner Lieblingsgruppe.

Kaum verklingen die letzten leisen Töne, fällt die Landschaft steil ab, wird flacher und flacher. Der Altiplano, eine Hochebene, breitet sich wie ein unendlich langer Tisch unter uns aus, nicht reich gedeckt, da trocken, sandig, rotbraun eingefärbt, ab und an durchsetzt von verdörrten goldgelben Grasbüscheln. Irgendwo dort unten werden wir in einigen Tagen zwischen der Cordillera Blanca und der niedrigeren Cordillera Occidental auf alten Inkastraßen unseren Weg nach Süden suchen.

Der Kapitän meldet sich. Sein Spanisch verstehe ich besser als sein Englisch. Wir werden in wenigen Minuten die Gegend von Nasca passieren, gibt er bekannt. Das Wetter sei günstig, um die berühmten Nasca-Linien von der linken Fensterseite aus sehen zu können. Welch ein glücklicher Zufall. Wir sitzen auf den richtigen Plätzen. Unsere Freunde Wolfgang und Gerda-Marie charterten vor einigen Jahren ein Kleinflugzeug, um auf abenteuerlicher Weise den rätselhaften und riesigen Scharrbildern noch näher zu sein. Kilometerlange gerade Linien heben sich vom Wüstenboden ab, hinein gegraben, geritzt oder geschlagen. Dreiecke, Trapeze, Kreuze sind auszumachen. Auch

Figuren sind vorhanden, für uns aus großer Höhe mehr zu erahnen als zu erkennen: Echsen, Spinnen, Menschen, Affen, Vögel, ein Kolibri und ein Kondor darunter. Über ihre Bedeutung breitet sich noch immer ein geheimnisvoller, mythischer Schleier. Stellen die Bilder astronomische Zeichen dar? Symbolisieren die Spiralen den Lauf der Gestirne? Bewässerten die alten Indios mit den Furchen ihre Ländereien? Schufen sie einen Kalender? Oder handelt es sich um Pilgerpfade? Mehrere Stufenpyramiden stehen über das weitläufige Gelände verstreut, heilige Orte, zu denen die Zeichen hinführten? Vermutlich dienten die Scharrspuren all diesen Mysterien ein bisschen. Staunend betrachten wir dieses mehr als zweitausend Jahre alte, von menschlicher Hand geschaffene Wunder, ohne es ergründen zu können. Gleich darauf landen wir in Lima.

## Neue alte Hauptstadt

Eisentore, vergitterte Fenster, Stacheldraht auf Mauern und Zäunen, Überwachungskameras, Scheinwerfer – das alles dient nicht nur dem Schutz von Banken, Bürogebäuden und Gewerbegebieten, sondern auch von Geschäften und Wohnhäusern. Die Bedrohung, ausgeraubt oder überfallen zu werden, hängt wie ein Damoklesschwert über vielen Straßen der Stadt. Ein trauriger Alltag für deren Bewohner.

Nicht gerade einladend der erste Eindruck auf der Fahrt in die Innenstadt.

Erschüttert wäre der Neuankömmling, würde der Busfahrer eines der Barrios auf seiner Route streifen, wo die ärmsten der Armen unter unmenschlichen Bedingungen hausen – das sind immerhin zwei Millionen über ganz Peru verstreut. Eines der größten Elendsviertel der Stadt liegt als Kontrastprogramm zu den schnieken Villenquartieren der Society in Callao in der Nähe des großen Seehafens, direkt an der Küste: Behausungen aus Brettern, Kartons, Wellblech und Plastikfolien neben und zwischen verlassenen und verwahrlosten alten Häusern. Wenn der kalte Wind aus der Antarktis den ebenso kalten pazifischen Ozean an die Küste peitscht, und das ist monatelang die Regel, durchnässt die Gischt der klatschenden Wellen die direkt am Ufer stehenden armseligen Unterkünfte. Die sonst staubigen Straßen dazwischen überzieht dann ein knöcheltiefer Morast.

Ein paar Blöcke weiter und jenseits des Río Rímac hellt sich das Stadtbild auf. Prunkvolle Straßenzüge bestückt mit Palästen und Kirchen und gesäumt von begrünten Plätzen erinnern an die Pracht der Kolonialzeit, in der sich Lima Ciudad de los Reyes, Stadt der Könige, nennen durfte. Der spanische Konquistador Francisco Pizarro hat sie 1535 gründet. Er residierte hier als Statthalter des Vizekönigreichs Neukastilien.

In dieser Zeit waren Spanien und Portugal die Weltmächte. Vasco da Gama entdeckte den Seeweg nach Indien, was die Gründung der portugiesischen Kolonien in Ghana, Sansibar und Goa zur Folge hatte. Christopherus Columbus sollte im Auftrag der spanischen Krone einen kürzeren Seeweg nach Indien finden und landete in Amerika.

Mexiko und Kalifornien wurden in Besitz genommen. Der portugiesische Seefahrer Pedro Alvares Cabral landete wenig später an der Küste des später Brasilien genannten Landes und Francisco Pizarro unterwarf die Inkas. Nichts blieb den Spaniern und Portugiesen vom damals erbeuteten Reichtum. Heute geht in unseren Breitengraden die Angst um, die desolate Staatswirtschaft der beiden Länder auf der iberischen Halbinsel könnte Europa in eine weitere Finanzkrise stürzen und den Euro zum Scheitern bringen – Probleme, die vermutlich den Einwohnern Limas unbekannt sind oder sie gleichgültig lassen, wenn sie davon erfahren.

Der Bus bringt uns vom Flughafen zum Hotel Sonesta El Olivar im Ortsteil San Isidro, einem beliebten Viertel mit Restaurants, Cafés, Boutiquen und Antiquitätengeschäften. Zusammen mit Miraflores und San Borja gehört es zu den „upper class districts", wie die Internetseite limaeasy.com verrät. Die eigentliche Oberschicht igelt sich ein gutes Stück östlich davon im hügeligen La Molina ein, wo sie ihre Wohlstandsfestungen umzäunt und mit privatem Sicherheitspersonal bewacht, damit Gewalt und Kriminalität draußen bleiben. Ohne Voranmeldung oder Passierschein kommt hier niemand durch die Schranken der Wächterhäuschen.

Wir entschließen uns zu einem Spaziergang durch den am Hotel angrenzenden Park Bosque El Olivar. Insgesamt waren wir dreiundzwanzig Stunden unterwegs. Während des Fluges über den Atlantik konnte jeder von uns geraume Zeit schlafen und die Zeitverschiebung beträgt nur sechs Stunden. Ein bisschen frische Luft und Bewegung sollten reichen, den Jetlag in Grenzen zu halten.

Der von den Spaniern gepflanzte Wald von Olivenbäumen verströmt einen würzigen Duft. Das Heimweh musste schwer auf der Seele der Konquistadoren und Siedler gelastet haben, wenn sie ihrer Heimat eine derartige Reminiszenz zollten. Wir erfreuen uns an den inzwischen alten knorrigen Bäumen, zwischen denen auch andere aus Europa eingeführte stehen, und folgen dem Paseo Constancio Bollar, vorbei an vereinzelt stehenden Fachwerkhäusern im Stil Andalusiens oder der Tudors, französischen Villen mit Mansardenfenstern, einer alten Olivenpresse, mehreren Brunnen, der Stadtbibliothek und einem Teich mit Fontänen. Auf dem Rückweg entdecken wir hinter dem Laub hoher Bäume die Botschaft Maltas. Vor der Fontäne des Teiches posieren frisch getraute Paare für Erinnerungsfotos. Kinder scheuchen Tauben auf. Jogger hecheln vorbei. Spaziergänger gehen plaudernd auf und ab wie wir. Einigen begegnen wir mehrfach.

Ein Mann zeichnet, ein anderer malt. Ich sehe dem jüngeren der beiden über die Schulter. In Aquarellfarben bannt er eines der alten Fachwerkhäuser, das sich im Wasser des Teiches spiegelt, auf das Papier. Schilfrohr und die belaubten Äste eines Baumes bilden den Vordergrund. Ich spreche ihn an:

„Gut gemacht."

Neugierig blickt er von seinem Hocker zu mir auf. „Danke". Mit einem dunklen Pinselstrich verstärkt er die Schattenwirkung des Baumstammes. „Ist das ein englisches Haus?" Fragend hebt er die Brauen über seinem linken Auge.

„Das ist ein modernes Fachwerkhaus ohne bestimmte Richtung. Typischen Tudorstil finden Sie auf der anderen Seite des Parks. Wir waren überrascht, hier ein solches Wohnhaus zu finden."

Mein Spanisch reicht zur Konversation nicht aus. Zum Glück spricht er Englisch. Mich interessiert, welchen Beruf er ausübt.

„Ich studiere Literaturgeschichte und Kunst. Bei der Malerei entspanne ich mich." Seine wachen Augen glänzen. „Die alten Kulturen unseres Landes kannten noch keine Schrift. Zu Beginn der Kolonialzeit wurden jedoch einige Erzählungen und Gesänge der Indios aufgezeichnet, teils auf Spanisch und teils in der Sprache der Quechua. Aber noch immer werden in den ländlichen Gebieten der Anden von den Quechas und Aymaras Mythen erzählt, die noch nicht übersetzt und niedergeschrieben wurden – ein großes Feld für die Forschung."

„Eine interessante Aufgabe."

„Sie besuchen Peru als Tourist?"

„Ja."

„Viele Menschen leben in unserem Land vom Fremdenverkehr."

„Auch die Indios?"

13

„In der Nähe der Sehenswürdigkeiten ja. Die meisten sind jedoch arbeitslos, ziehen in die Städte und finden auch dort keine Arbeit."

Zurück im Hotel plaudern wir mit Lucia, der Begleiterin auf dieser Reise, einer Italienerin, und den anderen. Bei einem Cocktail machen wir uns gegenseitig in einer gemütlichen Ecke der Bar bekannt.

„Gut gemischt", scherze ich, als die Ersten sich vorstellen. „Deutsche, Berliner und Sachsen. Wir kommen aus Bayern, genauer gesagt aus Franken."

„Wir unterscheiden auch gern zwischen Wienern und den anderen Österreichern, die beispielsweise wie wir aus Graz kommen." „Aus der Steiermark", ergänzt seine Frau stolz.

„Ein Ossi ist auch dabei. Ich heiße Sperling."

„Der erst Sperling, den ich kennen lerne, der nicht fliegen kann", witzelt der Berliner schlagfertig.

Eine der beiden eng zusammen sitzenden Freundinnen meldet sich mit französischem Akzent zu Wort. „Bei uns ist das einfacher. Wir wohnen in Bertrange und sind, wie alle anderen auch, Luxemburger."

Zum Schluss stellt sich das Paar aus dem Land des Lächelns vor. Mit verschmitztem Grinsen, seinen eigenen Pass und den seiner Frau hoch haltend, gibt der Chinese akzentfrei zu verstehen: „Wir sind Deutsche. Ich praktiziere als Doktor der Medizin und meine Frau assistiert."

Einige applaudieren, Fragen stellt keiner. Das wage ich, als wir uns kurz darauf beim Abendessen gegenübersitzen. „Darf ich Ihre Geschichte erfahren, wie Sie zu einem deutschen Pass gekommen sind?"

„Das erzähle ich immer wieder gern. Wir stammen beide aus alten chinesischen Familien. Unsere Eltern lebten zur Zeit unserer Geburt in Indonesien in Batavia, dem alten Stadtteil von Jakarta."

„Eine interessante und geschichtsträchtige Stadt", werfe ich ein. „Wir waren vor ein paar Jahren dort."

Ohne darauf einzugehen, fährt er fort: „Den für uns Chinesen fremden indonesischen Namen, den wir noch immer tragen, mussten wir unter dem Staatspräsidenten Sukarno annehmen. Dieser Diktator versuchte alles Chinesische in seinem Land auszulöschen." Er macht eine kleine Pause, bevor er fortfährt. „Ich studierte Medizin und bekam im Zuge des wissenschaftlichen Austauschs zwischen China und Indonesien eine Praktikantenstellung an einer Klinik in Nanking. Dort kamen wir zwischen die Mühlen der Kulturrevolution und wurden wegen unseres indonesischen Namens beschimpft und, wie heute gesagt wird, gemobbt. Ein längeres Bleiben war nicht möglich." Seine Stimme wurde bei den letzten Sätzen lauter. Ganz zart nimmt seine Frau ihn bei der Hand, um ihn zu beruhigen. „Zurück in Jakarta arbeiteten wir fleißig, sparten das verdiente Geld und machten Pläne für eine neue Zukunft. Wir buchten eine Rundreise zu den Metropolen Europas mit der Absicht, in Deutschland Asyl zu suchen. Das gelang uns und wir sind beide zusammen mit unserem Sohn in diesem Land sehr glücklich geworden."

„Ihren indonesischen Namen haben Sie behalten", bemerke ich mehr feststellend als fragend.

„Er wurde Teil unseres Lebens und soll es auch bleiben."

Auf der Fahrt durch die Innenstadt Limas wollen wir am nächsten Tag die Geschichte Perus vor unseren Augen lebendig werden lassen. Sie reicht weit vor die Ankunft der spanischen Eroberer zurück.

Einen ersten Halt legen wir am Huaca Huallamarca ein, einer von Wohntürmen umgebenen sehr alten Kultstätte. Der aus Adobesteinen etwa 200 v. Chr. begonnene Komplex ähnelt von der Längsseite betrachtet den ägyptischen Stufenpyramiden in Sakkara. Zuerst diente er den Hualla als Tempel zur Anrufung der Götter, dann den Ishma als Grabstätte und den Inka schließlich als Teil einer Siedlung. Was die vorkolonialen Andenvölker auch immer hier trieben, das Bauwerk ist das Erbe einer hoch entwickelten Kultur. Wie auf allen Kontinenten der Erde stellten sich auch hier die Menschen die Frage nach dem Woher und Wohin, sannen über die Schöpfung nach und hofften auf ein ewiges Leben danach, in welcher Form auch immer.

Ehrfurchtsvoll gefesselt stehen wir kurz darauf im Museo Nacional vor einer der hier ausgegrabenen Mumien. Das Wüstenklima der bis nach Lima reichenden Ausläufer der chilenischen Atacama, der trockensten Wüste der Welt, konservierte die Bestatteten über viele

Jahrhunderte. In einfache Tücher oder farbige Umhänge gehüllt, mit Nahrung und Getränken in Tonschalen und Kürbissen an ihrer Seite, gingen die Verstorbenen ihrer ungewissen Zukunft entgegen.

Schätze aus Gold und Silber können wir nur noch wenige bewundern. Die Konquistadoren schmolzen die wertvollen und unwiederbringlichen Artefakte tonnenweise ein, brachten die edlen Metalle nach Spanien, wenn die Schiffe nicht in der stürmischen Karibik mit ihrer Fracht untergingen, und schmiedeten daraus Münzen oder Schmuck für die Schönen der Gesellschaft. Keramiken, Stoffe und Kunstgegenstände aus anderen Materialien zeugen noch heute von den handwerklichen Fertigkeiten und der einmaligen wie originellen Kultur der Völker in den Anden.

Das Vizekönigreich Peru, der erste Andenstaat, reichte von Panama bis zum Kap Horn. Das alte Wappen auf einem Fresko im Museum zeigt, wie das heutige, drei Symbole des Reichtums dieses Landes: Das Füllhorn, aus dem Gold und Silber fließen, das wilde Alpaka als Spender feinster und kostbarster Wolle und den Chinarindenbaum als Heilpflanze. China bedeutet in der Sprache der Quecha Rinde, aus der sie fiebersenkende Medizin herstellten. Heute kultivieren Indien, der Kongo und Indonesien Chinabäume im größeren Stil als Peru. Von den an Malaria Erkrankten in der Welt weiß kaum einer, dass ihre Heilung auch auf den Erekenntnissen der Andenvölker beruht.

Im Centro Histórico steigen wir an der Plaza San Martin aus. Das Reiterdenkmal, vor dem sich die Fremden knipsend versammeln, symbolisiert den Beginn der peruanischen Neuzeit.

Mit Emiliano Zapata könnte ich mehr anfangen, dessen Leben als Führer der Revolution Mexikos von Elia Kazan mit Marlon Brando verfilmt wurde. Seinen Ausspruch „Besser aufrecht sterben, als auf den Knien leben!" vergisst kein aufmerksamer Kinogänger.

José de San Martin und Simón de Bólivar gingen ihm als südamerikanische Freiheitskämpfer voraus. Bólivar führte zuerst Kolumbien in die Unabhängigkeit, dann befreite San Martin Chile von den Spaniern, beide gemeinsam brachten 1821-24 Peru die Unabhängigkeit und Bólivar schließlich auch dem nach ihm benannten Land Bolivien.

16

Die indigenen Ureinwohner hatten wenig oder nichts von dieser „Befreiung". Die spanischstämmigen Großgrundbesitzer und alten kreolischen Familien verteidigten vehement ihren wirtschaftlichen und sozialen Besitzstand bis heute und tun dies noch immer.

Wir lösen uns von der Gruppe, gehen quer über den Platz und durch das von einem Portier geöffnete Portal hinein ins altehrwürdige Gran Hotel Bólivar. Die Kuppel im Jugendstil ist für Liebhaber dieser Epoche ein sehenswertes Muss. Mehr wollten wir hier nicht erleben.

Ich hätte Lust auf ein paar Tapas und einen Tinto – meine Gedanken kreisen um Jamón, Gambas, Boquerones und Aceitunas – aber eine Botega suchen wir rings um den Platz vergeblich. So machen wir schräg gegenüber eine erste Pause im Café Zela. Ich begnüge mich mit einem Solo, einem schwarzen Kaffee, mit Zucker versteht sich.

Das geschichtsträchtige Lima befindet sich ganz in der Nähe. Wir spazieren über die Fußgängerzone Jirón de la Unión, bestaunen unterwegs kopfschüttelnd das kitschig überladen Portal der barocken Kirche La Merced ebenso wie die von einer weiblichen Büste gekrönten Fassade der 1865 gegründeten Fotografia Central und treten gleich darauf hinaus auf die Plaza Mayor, früher treffender als Plaza des Armas benannt, als Platz der Waffen. Pizarro versammelte hier seine mit Schwertern, Säbeln, Hellebarden und teils mit Gewehren ausgerüsteten, blutrünstigen Soldaten, die Gläubigen trafen sich an kirchlichen Feiertagen zu Prozessionen und das schaulustige Volk eilte herbei, wenn nach einem Urteil der Inquisition der Delinquent auf einem Scheiterhaufen verbrannt wurde. Der Fantasie des Betrachters sind keine Grenzen gesetzt.

Die drei großen Kräfte der spanischen Macht scharten sich einst um diesen schönen Platz – Gott, König und Volk – und sind auch heute zu neuperuanischer Zeit präsent: Der Bischof mit der Kathedrale und seinem Wohnpalais, der Staatspräsident mit seinem Regierungspalast und der Bürgermeister mit dem Rathaus.

Balkone schmücken einige Profanbauten – Überbleibsel des maurischen Einflusses in der einstigen spanischen Architektur. Unter einem reizt das Restaurant des Club de la Union zur Einkehr. Ich blicke auf die Uhr. Noch zu früh zum Lunch, stelle ich fest.

Monumentaler als die Kathedrale grüßt die Frontseite der Basilika San Francisco des Franziskanerklosters zwei Straßenzüge östlich der Plaza Mayor. Auf den Stufen des Portals sitzt ein junges Pärchen unter der Marienstatue. Ob sich die beiden Händchen haltend gerade die ewige Treue versprechen? Am Brunnen auf dem Kirchplatz nehmen Touristen für Erinnerungsfotos Aufstellung. Kinder waten nach Münzen fischend im Brunnenbecken. Vom Lärm eines niedrig fliegenden Düsenjägers aufgeschreckt blicken einige Passanten ängstlich nach oben. Die Tauben auf den Gesimsen und in den Steinspalten der Türme hindert das nicht am buhlenden Gurren.

Bevor wir uns auf den Rückweg machen, werfen wir einen Blick von der Puente de Piedra, der ältesten Brücke Limas, auf den Río Rímac. Kaum ein Bewohner beachtet, dass alle in dieser Region von dieser Lebensader abhängen: die Menschen, die Tiere und die Pflanzen. Er bringt den acht Millionen Einwohnern das Trinkwasser aus der Gletscherwelt der Anden. Der Klimawandel lässt diese bereits schmelzen. Der Río Rímac führt deshalb mehr Wasser als in früheren Jahren mit sich und die Einwohner wiegen sich in trügerischer Sicherheit. Bei einer Fahrt durch den Beaglekanal im Süden Chiles konnten wir das Ausmaß des Gletscherrückgangs beobachten. Das Eis hat sich bei allen Gletschern Feuerlands bereits auf hunderten von Metern zurückgezogen. Die glatt geschliffenen Felswangen und das Geröll der Moränen liegen frei. Die Situation in den Anden östlich von Lima soll ähnlich bedrohlich sein. Schmelzen die Gletscher dort weiter ab, werden der Fluss und damit die Lebensgrundlage der Menschen der Region Lima langsam versiegen.

Den Nachmittag beschließen wir mit einer Fahrt an die Küste. Zwischen den Ortsteilen Miraflores, Barranco und Chorrillos erstreckt sich die Costa Verde. Steile Felsklippen und flache Strände wechseln. Wir stehen, an einem Schutzgitter lehnend, fünfzig bis sechzig Meter über dem Meer mit einem grandiosen Blick. Ein frischer und kräftiger Wind bläst uns ins Gesicht. Surfer pflügen durchs Wasser, springen über die Wellen, lassen sich hinaustreiben und kreuzen nach einer rasanten Wende zurück. Einige mutige Schwimmer scheuen vor dem kalten Ozean nicht zurück. Die Temperatur liegt jetzt im August bei fünfzehn, höchstens sechzehn Grad. Nur im Februar erwärmt sich das Meer auf zwanzig bis einundzwanzig Grad. Der Humboldtstrom fließt von der Antarktis parallel zur Westküste Südamerikas nach Norden. Das kalte Meerswasser kühlt auch die Luft. Häufig entstehen Nebel oder, wie gerade jetzt am späten Nachmittag, dunkel drohende Wolkenbänke. Doch Niederschläge fallen nur selten in dieser zu den nördlichen Ausläufern der Atacamawüste gehörenden Region.

Schier unendlich breitet sich nach Westen der Pazifik aus, der Stille Ozean, dessen Wirbelstürme genauso mörderisch sein können wie jene auf den anderen großen Weltmeeren. Doch wer mag schon daran denken, wenn er vor Sehnsucht nach der Südsee verglüht, wenn die Gedanken um einsame Inseln und Atolle kreisen, auf denen sich die Palmen im Wind wiegen, während hübsche Insulanerinnen im Rhythmus der Männergesänge ihre Hüften wiegen. Der Portugiese Ferdinand Magellan wusste davon noch nichts, als er als Erster 1521 die Südspitze Amerikas umrundete und westlichen Kurs einschlug. Das erste von ihm gesichtete Eiland wird heute Puka-Puka genannt. Es liegt im Tuamoto-Atoll von Französisch Polynesien, von dem Tahiti, Moorea und Bora Bora den modernen Kreuzfahrern und Weltenbummlern geläufiger sind.

Ein Tanker nähert sich dem Hafen von Callao, der geschützt in der Bucht des am Horizont gerade noch auszumachenden Kaps liegt. Von dort brach der Spanier Alvaro de Mendana 1567 in der Absicht auf, den sagenumwobenen Südkontinent ausfindig zu machen. Bis Australien stieß er nicht vor, entdeckte jedoch neben anderen die Inselgruppe der Salomonen und passierte 1568 ein Atoll, das von einem mitreisenden Kartograf und Kupferstecher „Islas Volcanos" genannt wurde. Ohne es zu wissen und der Nachwelt als seine Entdeckung zu hinterlassen und ohne ihn zu betreten, sichtete Mendana den Archipel von Hawaii. Das Beweisstück, ein kolorierter Kupferstich, befindet sich im Besitz der Parker Ranch auf Big Island, der zweitgrößten Rinderfarm der Vereinigten Staaten. Zweimal stand ich bereits vor diesem Bild, das sich, nach dem Tod von Richard Palmer Smart, dem letzten Eigentümer der Ranch, im Besitz des Parker Ranch Foundation Trust befindet.

Beim Frühstück macht die Höhenangst wie ein Gespenst die Runde. Befürchtungen werden geäußert, Empfehlungen aus dritter Hand weitergereicht. Fest steht, dass wir die nächsten acht Tage in Höhen von etwa 3.500 Meter über dem Meer verbringen werden. Unserem Körper wird in dieser Zeit viel abverlangt. Der ungewohnt niedrige Luftdruck und der geringere Sauerstoffgehalt werden uns bestimmt zu schaffen machen.

Beim Skilaufen brachten mich Seilbahnen bereits mehrfach vergleichbar hoch hinauf. Die Gipfelstation am Monte Rosa Plateau in Cervinia zum Beispiel liegt 3.480 m über NN und die Zahnradbahn fährt in Saas Fee zum höchstgelegenen Drehrestaurant Europas am Sattel des Allalin. Nach einer kurzen Abfahrt gelangt man mit dem Skilift zum höchsten Punkt oberhalb des Feengletschers auf 3.600 m. Das Herz schlägt dort deutlich schneller. Kurzatmigkeit stellt sich ein. Mit den Skiern auf dem Rücken nur ein paar Schritte aufzusteigen fällt schwer und die Schwünge bei der Abfahrt strengen mehr an als auf den tiefer liegenden Hängen. Wir vermuten auf Grund dieser Erfahrungen zu wissen, was auf uns zukommt. Mit Zuversicht treten wir deshalb die Weiterreise an. Lucia sorgt sich rührend um jeden in der Gruppe. Kokatee wird hilfreich sein, meint sie.

Mit der peruanischen LAN fliegen wir frühmorgens von Lima nach Cusco, dem ehemaligen Zentrum des Inkareiches. Die Stadt liegt 3.300 bis 3.400 m hoch. Wir bleiben jedoch noch nicht hier, sondern fahren zuerst ins Heilige Tal der Inkas am Río Urubamba, wo wir uns akklimatisieren und besser an die Bedingungen der Bergwelt gewöhnen können. Um dort hinzukommen, müssen wir allerdings mit dem Bus eine Passhöhe in 3.750 m überwinden.

Carlos begleitet uns heute und morgen. Er stimmt uns auf seine Heimat ein, erzählt von der Gefangennahme des Inka-Herrschers Atahualpa im Jahr 1532, der darauf folgenden Eroberung des gesamten Inkareiches, dem Fall der Hauptstadt durch Pizarro und erklärt die Fahrtroute mit den Sehenswürdigkeiten. „Auf dem Hügel vor uns liegen mehrere besuchenswerte Kultstätten der Inkas. Zuerst halten wir in Qenko, einer Weihestätte der Pacha Mama, der Mutter Erde."

Wir steigen aus. „Über diesen Pfad und die in den Fels geschlagenen Stufen kommen wir zu einem Plateau." Lucia meldet sich zu Wort. „Ich bitte Sie alle, sehr, sehr langsam zu gehen, ruhig und tief zu atmen, möglichst nicht zu sprechen und immer wieder stehen zu bleiben. Vergessen Sie nicht, Sie schliefen in der vergangenen Nacht auf Meereshöhe. Jetzt befinden wir uns auf 3.600 Meter."

Die Gruppe setzt sich in Bewegung. Der Österreicher aus Graz, Sportler, Skiläufer und Golfspieler, wie er sich bei seiner Vorstellung am ersten Abend in Lima bezeichnete, schlägt Lucias Ermahnungen und Warnungen in den Wind, langsam zu gehen und jede überflüssige Anstrengung zu vermeiden. Er läuft forsch bergan, nimmt äußerst zügig die Steinstufen der Inkas, erreicht das etwa 100 m entfernte und 50 m höher liegende Plateau, dreht sich zu den anderen um, winkt mit beiden Händen vor Siegerlaune und bricht zusammen. Sein Körper war schwächer als sein Wille.

Der Busfahrer beobachtete die Szene bereits vom oberen Parkplatz aus, den er inzwischen ansteuerte. Bis wir zu dem in Not geratenen Mann hinaufkommen, ist er bereits bei dem Kollabierten und hilft ihm mit einer Sauerstoffflasche wieder zu Bewusstsein zu kommen. Der Chinese und ein weiterer Teilnehmer, beide Ärzte, eilen hinzu, fühlen den Puls und massieren das Herz des blass gewordenen Grazers, der nach einiger Zeit, wieder zu sich gekommen, seiner Frau ein Lächeln schenkt.

Carlos nimmt die anderen zur Seite und erzählt von Pacha Mama und den heiligen Tieren der Inkas, vom Kondor, dem Herrscher der Lüfte, vom Puma, dem stärksten Wesen auf der Erde und von der Schlange der Unterwelt.

Wieder einmal sind wir auf unseren Reisen um die Welt an einem geheimnisvollen Ort der Geschichte und Geschichten angekommen. Pacha Mama wurde hier verehrt, die personifizierte Mutter Erde, eine Fruchtbarkeitsgöttin, die Leben schenkt, über Saat und Ernte wacht und alles Leben nährt. Als Frau des Schöpfergottes Pacha Kamaq vollendet sie, was dieser vollbrachte.

Die Inkas umgaben eine meterhohe Felsnase mit einer tempelartigen Plattform. Von ihrem Rand fällt ein grandioser Blick hinunter auf Cusco. Für einige Augenblicke leidet die Konzentration auf das Spirituelle des Ortes. Doch gleich darauf nimmt dieser uns wieder ganz gefangen. Die Felsnase diente zu Messungen am Tag der Sonnenwende, wird erzählt. Inti, der Sonnengott, wurde angefleht, wiederzukommen und gemeinsam mit dem Regen Fruchtbarkeit zu bringen. Inti wurde auch als Gott der Regenbögen verehrt und nach einer legende war er der Vater des ersten Inkaherrschers Manco Cápac.

Durch eine Felsspalte gelangen wir in das Innere des Heiligtums, zu einem aus dem Stein geschlagenen und glatt geschliffenen Tisch in einer Nische, womöglich einem Altar für die Opfergaben wie Mais, Bohnen, Kokablätter und das Chicha genannte Maisbier. Offenbar wurden auch Tiere geschlachtet. Über eine schlangenförmige Rinne konnte das Blut abfließen und in einer schalenartigen Aushöhlung des Steins darunter aufgefangen werden.

Carlos und Lucia ergänzen sich in ihren Ausführungen. Viele Fragen, gestellt oder nicht, bleiben jedoch unbeantwortet. Die Inkas kannten keine Schrift. Ihre Mythen und Legenden wurden mündlich überliefert und erstmals zur Zeit der Spanier aufgezeichnet.

Einige Kilometer weiter und noch ein Stück bergauf fassten die Inkas einige Quellen in Stein. Tambo Machay heißt dieser Ort. Das Wasser ergießt sich über mehrere, aus behauenen Steinen errichteten Terrassen in ein Becken, wo es scheinbar verschwindet. Vom Bad der Inkas wird gesprochen. Ich halte meine Hand in das Wasser. Es ist eiskalt. Ob hier, mehrere Kilometer von der Stadt und den Palästen entfernt, tatsächlich gebadet wurde? Denkbar ist, dass die herrschende Kaste und ihre Priester rituelle Waschungen vollzogen haben.

Das Bad und die nahe Passhöhe wurden von Soldaten bewacht. Diese hielten sich in der mit Türmen und hohen Mauern befestigten Anlage Puca Pucará auf. Diese mag auch als Zollstation gedient haben oder als Rast- und Wechselplatz für die Läufer des Nachrichtensystems der Inkas. In nur wenigen Tagen wurden Befehle, Informationen und Botschaften über mehrere tausend Kilometer vom nördlichsten bis zum südlichsten Ende des Reiches weitergegeben.

Kurz hinter Puca Pucará beginnt die Abfahrt ins Heilige Tal. Am Rand einer Kurve stehen zwei Indiofrauen mit ihren Kindern und Lamas. Sie hoffen auf ein paar Sol und lassen sich dafür fotografieren. Drei bis vier Nuevo Sol entsprechen etwa einem US Dollar. Eines der Mädchen spielt auf einem Blasinstrument eine kindlich zarte Melodie. Sie kommt mir dabei langsam näher, damit ich sie bewundern kann. Nachdem der letzte Ton ihres Liedes verklingt, reicht sie mir ihr Spielzeug – eine winzige Okarina, bunt bemalt mit geometrischen Mustern, die sich in ihrer Kleidung wieder finden. Ich bewundere das kleine Kunstwerk. Auf der Vorderseite finde ich vier Löcher und auf der Rückseite zwei für die Daumen. Vorsichtig setze ich die Okarina an meine Lippen und versuche, zu spielen. Die Töne klingen sanft und etwas traurig. Als ich die Okarina dem Mädchen zurückgeben will, nimmt sie sie entgegen, um sie mir sogleich um den Hals zu hängen. Aus ihrer Rocktasche holt sie weitere hervor, alle winzig klein und gleich schön. Zur Erinnerung an meine erste Begegnung mit den Nachkommen der Inkas kaufe ich ihr eine Okarina ab.

Die Aussicht von ihrem Standort ist großartig. Eingerahmt von einer hohen Bergwelt fließt der Río Urubamba ruhig in seinem Bett dahin. Er führt reichlich Wasser. Dem von ihm angeschwemmten Land verdankt das Tal seine Fruchtbarkeit. Seit Urzeiten wird jeder Quadratmeter Boden bewirtschaftet. Die Hänge wurden weit hinauf in unendlicher Arbeit kunstvoll terrassiert, der Fluss begradigt.

Am Horizont zeigt der Salcantay seinen verschneiten Rücken, von den Quetchas wegen seiner zerklüfteten Felswände als „Wilder Berg" bezeichnet. In den Tälern von Vilcabamba zu seinen Füßen zogen sich die Indios zum letzten Gefecht und ihrer endgültigen Niederlage gegen die Spanier zurück.

Nach kurzer Fahrt bergab erreichen wir den Ortseingang des fast ausschließlich von Indios bewohnten Pisac, fahren zuerst jedoch in ein Seitental, bis die geteerte Straße endet. Von dort steigen wir, von Carlos begleitet, zu Fuß zu den hoch oben am Hang thronenden Resten einer alten Bergfestung der Inkas. Der steile Weg verlangt von allen die mitmachen großen Einsatz. Einige ziehen vorsichtshalber eine Ruhepause beim Bus vor.

Je näher wir den Ruinen kommen, umso deutlicher wird die gewaltige Dimension der alten Anlage sichtbar. „Sie werden nur eine viertel Stunde brauchen", meinte Carlos zu Beginn beruhigend und schlitzohrig zugleich, wissend dass er nur auf diese Weise einige zum Teilnehmen begeistern kann. Bis zu den ersten Mauern wurden daraus dreißig Minuten. Hier scheiden sich die Geister. Nur eine Hand voll Mutiger wagt den Aufstieg fortzusetzen, ich unter ihnen.

Nach weiteren dreißig Minuten haben wir die Atem raubende Tortour endgültig geschafft.

Wir stehen am Hang oberhalb der größten Gebäude und des eigentlichen Heiligtums, einem Rundbau, in dessen Mitte eine von Menschenhand bearbeitete mächtige Felsnase von alten Ritualen kündet. Wie in Qenko wurde auch hier Inti gehuldigt. Intihuatana nannten die Inkas diese von Geheimnissen umgebene Stelle.

Über die besondere Bedeutung der Festung von Pisac wird gerätselt. Sie liegt jedenfalls an der Grenze der Vegetation. Nur noch spärlich ragen einige Grashalme aus dem Boden. Die Nahrung, Mais und andere Feldfrüchte, mussten aus dem Tal und den Terrassen herauf getragen werden. Die domestizierten Lamas weideten auf einem Sattel in halber Höhe. Durch die wehrhafte Mauer führen mehrere Tore. Eines wird Amaru Punku genannt, das Schlangentor. Wohn- und Lagerhäuser, Türme, Brunnen und Kanäle sind auszumachen. Diente die wuchtige Anlage strategischen Zwecken? Eine Straße führt am Ufer des Río Urubamba nach Süden in sein Quellgebiet auf dem Altiplano und von dort weiter vorbei am Titicacasee bis Chile. Nach Norden reicht die Straße bis ins Amazonasbecken und die Ost-West-Achse, auf der wir gekommen sind, führt von Lima über Cusco und weiter über die Anden bis in die Ebenen des Gran Chaco.

Im Ortskern von Pisac, den wir einige Zeit später zu Fuß durchwandern, herrscht reger Betrieb. Die Indios halten Markt. Auf Ständen und Tischen oder auf Matten auf dem Boden haben sie ihre Waren ausgebreitet: Lebensmittel in erster Linie, mehrere Sorten Mais und Kartoffeln, Zwiebel, Lauch, Chilischoten, Kohl, Karotten, Rüben, Tomaten, Mehl und Reis in Säckchen abgepackt, Speiseöl in Flaschen, Drogerieartikel, Ariel entdecke ich bei Waschpulver und Seife, daneben auf einem hohen Gestell bunte Schals, Tücher und Umhänge in den beliebten grellen Farben der Anden. Frauen überwiegen im Getümmel. Fast jede trägt einen Hut, als wäre diese Art der Kopfbedeckung eine Erfindung der Indios. Die einem englischen Bowler nachempfundene Form wird bevorzugt – wie auch immer dieses Modell in die Anden gelangte, vielleicht weil es einer Melone gleicht. Die meist schmalen Ränder werden flach oder rundum nach oben gebogen getragen. Einige Frauen fassten die Ränder mit einem glänzenden Band wie beim Homburg ein, der sich in unseren Breiten bei den höchsten Staatsdienern bis Ende der 1970-er Jahre größter Beliebtheit erfreute. Die Jugend nimmt die Hutmode lockerer. Baseballmützen machen bei ihnen die Runde. Auf einer lese ich die Initialen von New York. Dort hinzukommen wird wohl für immer ihr Traum bleiben.

In einer schmalen Seitenstraße strömen Einheimische wie Fremde durch ein hohes Tor in einen von mehreren Häusern umstandenen Hof. Kunsthandwerk wird hier angeboten, Keramik, Schnitzereien, auch Schmuck. Ein Künstler stellt Bilder aus mit teils sehr originellen Porträts seiner Landsleute und Bergpanoramen in unterschiedlichen Jahreszeiten. Den größten Zuspruch erfreut sich jedoch die große Backstube. Der Qualm des Feuers schwärzte die Hauswand darüber. Hier werden Brot und Meerschweinchen gebacken, ein Lieblingsgericht der Indios, das sie Cuy nennen. Ein Mädchen, nicht älter als sechs Jahre, hilft beim Verkauf. Von Kinderarbeit spricht hier niemand. Alle in den Familien müssen beim Broterwerb mithelfen. Ich zeige auf eine Inca Kola, eine grüngelbe Limonade mit Zitronengeschmack, und reiche ihr den auf einer Tafel stehenden Betrag. Auf den Strohhalm, den sie mir dazu hinhält, verzichte ich und trinke aus der Flasche. Das quittiert sie mit einem Lächeln. Ich deute auf die Barbiepuppe auf ihrem T-Shirt. „Schön", sage ich, „bello", schließe die Finger zur Faust und recke den Daumen in die Höhe. Ihr Lächeln wird zum Strahlen. Mit Daumen und Zeigefinger beider Hände zupft sie an ihrem T-Shirt, zieht es nach vorne und hebt es kokett etwas an, damit ich ihre Barbie noch besser bewundern kann.

Auf einem gelben Haus am Ende des Marktplatzes lese ich, leicht überrascht, ULRIKE'S CAFE. Dort zieht es uns hin. Die Tischchen auf der kleinen Terrasse sind alle besetzt. Im Inneren finden wir mit einigen anderen aus der Gruppe jedoch ausreichend Plätze, noch dazu am Fenster, was die Beobachtung des quirligen Treibens der Indios draußen weiter ermöglicht. Eine Frau mit europäischen Zügen und Mitte vierzig reicht Speisekarten über den Tisch.

„Was möchten Sie trinken."

Ausnahmslos alle schauen sie überrascht an. Das scheint zu ihrem Alltag zu gehören.

„Ich komme aus Frankfurt." Die Erklärung bleibt kurz. Viele Gäste warten auf Bedienung. Mit einem jungen Mann serviert sie die Getränke und das Essen. Das Abräumen besorgen zwei Indiofrauen.

Wir bestellen ein typisches Andengericht, Estofado, einen Eintopf aus Rindfleisch, Mais, Karotten und Kartoffeln. Am liebsten würde ich zu dem schmackhaften Essen ein Bier trinken. Der Verstand, die Vorsicht und der Kollaps des Grazers raten jedoch zu Kokatee, dem peruanischen Nationalgetränk „Mate de Coca". Ulrike bringt eine große Kanne vorbei. „Trinken Sie soviel Sie nur irgendwie können", rät sie. „Kein Teebeutel, echte Blätter", kommentiert sie kurz wie immer. Er schmeckt wie reichlich gewässertes trockenes Gras. Ich fische mit einer Gabel ein Blatt aus der Kanne, tupfe die Wassertropfen mit dem Taschentuch weg und lege es in eine gefaltete Dollarnote in meinen Brustbeutel als Reiseandenken an meine erste Tasse Mate de Coca. Die Alkaloide, speziell das enthaltene Kokain, verbessern die Sauerstoffaufnahme des Körpers zur Vermeidung der Höhenkrankheit. Mehrfach wurde uns von Lucia und Carlos versichert, dass psychische Abhängigkeiten oder Beschwerden nicht bekannt seien.

„Sie müssen mir bitte erzählen, wie Sie nach Peru und gerade hierher nach Pisac gekommen sind", sage ich beim Bezahlen.

„Ich wollte unbedingt frei sein von all den Konventionen und Zwängen unseres Landes. Nach einer Trampertour um den halben Erdball landete ich hier, freundete mich mit einem Einheimischen an und blieb, als mein Sohn auf die Welt kam. Vielleicht habe ich es mit der Selbstverwirklichung etwas übertrieben. Ich konnte mir jedoch eine Existenz aufbauen und fühle mich sehr wohl."

„Arbeitet Ihr Mann mit", will ich wissen, „in der Küche?"

26

„Ich bin nicht verheiratet. Das lässt mir die Freiheit, eines Tages nach Deutschland zurückzukehren, wenn es für mich und vor allem meinen Sohn sinnvoll erscheint, einen solchen Schritt zu tun."

Beim Gang zurück zum Bus beobachte ich auf dem Markt und den Straßen die Indios, wie sie mit dicken Backen Koka-Blätter kauen. Das ist für sie nicht nur Genuss und vorbeugende Medizin gegen die Höhenkrankheit. Die Blätter helfen ihnen zusätzlich, die Müdigkeit zu verdrängen und gegen die Kälte zu bestehen. Sie nehmen über den Speichel Calcium, Proteine, Eisen und Vitamine auf. Da sie beim Kauen Kalk zusetzen, wird dem Kokain seine euphorische Wirkung genommen, was bewirkt, dass die Indios auch über lange Zeit des Genusses nicht süchtig werden.

An einer Straßenecke sitzen zwei Frauen vor einem Gestell. Die eine spinnt eingefärbte Wolle, die andere webt aus den Fäden bunte Bänder. An einem Stand daneben strickt eine junge Indiofrau gerade an einer Mütze mit einem schmalen, noch oben gebogenen Rand, wie die Hüte der Indios ihn haben. Irene findet Gefallen daran.

„Alpaka?", fragt sie.

„Sí, Alpaka", gibt die Frau zu verstehen.

Ich entdecke eine weißgraue Mütze, die ich beim Skilaufen gebrauchen könnte. Sie passt, wie für mich gemacht. Wir probieren nun beide. Die Auswahl ist groß. Ich bleibe bei der ersten. Irene findet eine besonders schicke, die ihr auch gut steht.

Zum Kassieren erhebt sich die Frau von ihrem Hocker. Erst jetzt sehen wir das Baby auf ihrem Rücken, von dem nur die Augen und die Nase aus dem Tragetuch schauen.

„Wie alt ist das Baby?"

„ Drei Monate."

„Ein Junge?"

„Ein Mädchen."

„Enhorabuena! e mucho suerte por la nina." Irene übertrifft sich selbst mit ihren Spanischkenntnissen. „Herzlichen Glückwunsch und alles Gute für das Mädchen", wünscht sie beim Abschied.

Wir verlassen Pisac und fahren flussabwärts durch die reich kultivierte grüne Landschaft des Heiligen Tals nach Yucay. Auf halber

Strecke streifen wir das Dorf Calca. Im Rondell des Kreisverkehrs erklimmt die überlebensgroße Skulptur eines Pumas Zähne fletschend einen Felsbrocken in Erinnerung an die fast ausgerotteten Tiere. Kraft und Macht symbolisierten sie den Inkas.

Schon von weitem leuchtet eine viertel Stunde später der weiße Turm der Kirche Santiago Apóstol von Yucay. Die in Begleitung der Konquistadoren mitgereisten Mönche müssen von der erhabenen Landschaft ebenso angetan gewesen sein, wie vor ihnen der Inkaherrscher Huayna Cápac. Der Inka hatte der Legende nach die Siedlung gegründet und die Ordensbrüder errichteten hier der Erzählung nach die erste Kolonialkirche der Spanier in den Anden. Kein Wunder, bedeutet doch Yucay in der Sprache der Quechas „Verzauberung".

Einer der letzten Herrscher der Inkas, Sayri Túpac, ließ sich hier mit Duldung der Spanier einen kleinen Palast bauen. Ursprünglich führte er den Widerstand der Inkas von Vilcabamba gegen die Spanier an, erkannte die letztendlich aussichtslose Lage, gegen die Übermacht der Fremden zu bestehen, ließ sich in Lima taufen, erhielt reiche Ländereien zugestanden und lebte als „Prinz von Yucay" ein erhofftes friedliches Leben. Dieses endete allerdings schneller als es ihm lieb war. Die Spanier, so verkündete sein Bruder und Nachfolger der Nachwelt, vergifteten ihn.

Im ehemaligen Kloster direkt neben der Kirche befindet sich unser heutiges Quartier, der Posada del Inca. Dort entdecken wir im Garten die viel kleinere Klosterkirche Santa Catalina; ein Schmuckstück kolonialer Zeit, das Nonnen zur Einkehr diente.

Indios breiten auf ihren Stufen und rings um ein Blumenbeet ihre Waren aus. Viel Zuspruch erfahren sie nicht. Die meisten zieht es, wie auch uns, direkt ins Restaurant. Zuerst Mineralwasser gegen den Durst, dann eine Flasche Rotwein zum Essen, anschließend reichlich Kokatee und eine weitere Flasche Mineralwasser als Reserve für die Nacht – was für eine ungewohnte Reihenfolge. Lucia beobachtet mit besorgten Augen die Runde und nickt zufrieden.

Geheimnisumwobenes Machu Picchu

Stalin siedelte mehrere Millionen Menschen aus dem Westen Russlands zwangsweise in die okkupierten Länder Zentralasiens als Soldaten, Bauern, Industriearbeiter und Verwaltungsbeamte um. In China mussten um die Jahrtausendwende mehr als eine Million Menschen dem Drei-Schluchten-Damm weichen und anderen Orts ihrem Broterwerb nachgehen. Im 16. bis 19. Jahrhundert wurden 11 Millionen Afrikaner nach Amerika als Arbeitssklaven verschleppt, auch in die Anden, zum Beispiel in die Silberbergwerke Boliviens.

Das war im totalitären Reich der Inkas nicht viel anders. Auch hier wurden Menschen in großer Zahl umgesiedelt und zur Zwangsarbeit angehalten. Der Bau neuer Terrassen, Siedlungen und Straßen hatte Vorrang vor dem persönlichen Lebensglück. Arbeit war Pflicht, Frondienst üblich und die Versklavung der unterworfenen Volksstämme eine Methode zur Beschaffung neuer Arbeitskräfte. Das, was wir heute bestaunen und bewundern, entstand mit ungeheuerlichem Druck und auch menschlichem Leid – monumentale Bauwerke, in ihrer Zahl nicht zu beziffernde Terrassen und mit Steinreihen begrenzte Felder, Bewässerungskanäle, ein Straßennetz von mehr als 23.000 km und spektakuläre Weihestätten der Noblen und ihrer Priester. Das Heilige Tal ist voll von allem.

Die Nacht war unangenehm, nicht wegen erster Anzeichen einer Höhenkrankheit, sondern wegen der Kälte, die durch die Spalten der Fenster und Türen in die Schlafräume kroch. Dauerhaftes Frösteln und Zittern waren unter der Bettdecke angesagt. Selten erfreute mich der erste Schluck Tee so sehr wie an diesem Morgen.

In der Dämmerung brechen wir auf. Lucia strebt an, den ersten Zug von Ollantaytambo nach Aguas Caliente zu erreichen. Beim Passieren des nach dem Fluss benannten unscheinbaren Ortes Urubamba sehen wir die ersten Sonnenstrahlen auf dem schneebedeckten Bergrücken des Chicon ihr Schattenspiel treiben. Das fruchtbare Tal endet wenige Kilometer weiter vor uns nur scheinbar. Die Berge rücken von beiden Seiten näher und bilden ein Schlucht, durch die der Río Urubamba unseren Blicken entschwindet. Die kleine Stadt vor der Engstelle heißt, wie die Festung der Inkas am Berg darüber, Ollantaytambo. Wachen Auges sehen wir uns um. Einheimische – die Frauen wie immer in grellbunte Tücher gehüllt, die Männer schlichter angezogen, alle mit Hüten, auch die Kinder – streben wie wir die Straße hinunter zum Bahnhof.

Ich halte inne. Hoch oben, auf einer Felsnase, eingerahmt von unzähligen steilen Terrassen, erbauten die Inkas an der Stelle einer seit Jahrhunderten heiligen Stätte eine neue Festung von unglaublicher Monumentalität. Mehrere tausend Arbeiter müssen hier Jahre beschäftigt gewesen sein. Das zarte Rosa der sechs Monolithen aus reinem Porphyr zieht die Aufmerksamkeit des Neuankömmlings auf sich. Die Wucht jedes einzelnen mit 4 m Höhe und fast 2 m Breite weist ihn jedoch sogleich zurück, denn hier oben hatten nur der Inka, die Elite und ihr Gefolge Zutritt.

Wenn die Überlieferung stimmt, dann wurden in einem Schrein die Urnen mit den Herzen und Eingeweide der verstorbenen Herrscher aufbewahrt, wie das auch von den Pharaonen Ägyptens bekannt ist. Die einbalsamierten Hüllen, die Mumien, hüteten die Priester in der größten Weihestätte des Inkareiches, im Coricancha, dem Sonnentempel von Cusco.

Unterhalb des eigentlichen Heiligtums bestellten die Inkas ihre Felder mit Mais, Kartoffeln und anderem Gemüse auf den mächtigen Steinterrassen, die einem unüberwindlichen Bollwerk gleichen.

Waren die drei in der Nähe übereinander in die steile Felswand gebauten Langhäuser zur Lagerung der Vorräte bestimmt oder dienten sie den Landarbeitern als Wohnraum? Der Nachwelt wurde nichts darüber überliefert.

Das alte Pisac muss in seiner Blütezeit eine prunkvolle, befestigte Wohnburg gewesen sein. Ollantaytambo glänzte mit noch kraftvolleren Bauwerken. Was blieb von den beiden Stätten? Nichts als Ruinen, sehenswert doch leblos.

Die spanischen Eroberer besiegten die Inkas, brachen ihnen das Herz und den Willen. Bescheiden leben die Nachkommen im neuen, dem heutigen Pisac und zu Füßen der Festung von Olantaytambo in einem Dorf, das die Größe der alte Zeit nur erahnen lässt.

Auf dem Bahnsteig am Flussufer angekommen wühlen wir uns durch das Gedränge. Ein Zug fährt ein. Junge Männer steigen aus einem der Wagons. Sie schleppen schwere Lasten auf ihren Rücken. „Das sind alles Träger, die von einer Tour über den Inka-Trail zurückkommen", gibt Lucia zu verstehen. Müde, abgekämpft sehen sie aus. Vier Tage waren sie unterwegs, schleppten Zelte, Matratzen, Kochgeschirr, Lebensmittel, Tische und Stühle für eine der zahlreichen Gruppen, die auf dem inzwischen berühmt gewordenen Pfad nach Machu Picchu ging.

Für unsere Gruppe, die sich für den bequemeren Weg entschied, wurden Plätze reserviert. Das Bordpersonal reicht Getränke. Aus dem Fenster können wir beobachten, wie die Straße kurz nach der Ortschaft Ollantaytambo das Tal des Urubamba verlässt. Sie windet sich über die Berge nordwärts, bis sie nach 120 km bei Santa Rosa wieder auf den Fluss trifft. Die direkte Strecke entlang des Ufers des Flusses war bis in die Neuzeit nicht begehbar und schon gar nicht befahrbar. Mäanderförmige Schluchten, bis an das Ufer reichende Felswände und dichter Regenwald machten sie unpassierbar. Das galt auch für die Konquistadoren, die Pisac und Ollantaytambo plünderten und nieder brannten und den letzten Kampf gegen die Indios im Tal von Vilcabamba im Norden führten. Machu Picchu blieb deshalb den Spaniern verborgen und geriet in Vergessenheit.

Der amerikanische Forscher Hiram Bingham entdeckte 1911 die der Welt verloren gegangene Inka-Siedlung. Er suchte die ebenfalls in Vergessenheit geratene und vom Dschungel verschlungene letzte Inka-Festung Vilcabamba und stieß auf Ruinen, die nach dem Berg, auf dessen Hang sie stehen, Machu Picchu genannt wurden.

Silber und andere Erze wurden im Tal des Urubamba entdeckt. Zur Erschließung der Gegend errichtete die peruanische Regierung 1928 eine Schienenstrecke für eine Schmalspurbahn, die bis zu einem Kraftwerk betrieben wird, das einige Kilometer flussabwärts an einer Talsperre steht. Diese Bahn bringt heute die Touristen zu einem Fleckchen Erde, das seines Gleichen sucht.

Wir starteten bei km 75. Wer den Inka-Trail begehen will, steigt bei km 82 aus. Wir verlassen den Zug bei km 111 in Aguas Calientes.

So sehr wir auch die Hälse recken, weder auf den Berghängen noch auf dem Sattel zwischen den Gipfeln des Machu und des Huayna, des Alten und des Jungen Picchu, können wir Spuren einer Bebauung erkennen, schon gar nicht eine Zitadelle mit einer Wohnsiedlung.

Ein kleiner Bus bringt uns auf einer abenteuerlichen Serpentinenstraße mit dreizehn Spitzkehren in einer fast halbstündigen Fahrt zu einem Sammelplatz für Besucher, der von mehreren Gebäuden umstanden wird, einem Hotel, einem Restaurant und einem Verwaltungsgebäude mit der Kasse und dem Eingang. Die Anspannung ist groß, als wir hindurchgehen. Carlos geht voraus. Ein Pfad führt steil bergan. Lange werden wir auf die Folter gespannt. Zuerst sehen wir vor und über uns Terrassen, dann die ersten Mauern und einige unscheinbare Gebäude. Der Aufstieg und jeder Atemzug fallen schwer. Wir erleben einen Vorgeschmack auf die kommenden Tage. Die dünne Luft, der geringe Sauerstoffgehalt und die Anstrengung treiben den Pulsschlag und verursachen bei einigen bereits erste Kopfschmerzen und leichte Übelkeit.

Doch Carlos führt uns ohne zu pausieren weiter hinauf, bis wir das Ende des Inka-Trails bei einem Steinhaus am alten Haupteingang erreichen.

Atemlos wie sprachlos bleiben wir stehen. Unter uns liegt in der warmen Sonne des Morgens das Kleinod Machu Picchu.

Welch ein Glück, kein Nebel, noch nicht einmal Dunst, nur ein paar kleine Wölkchen spielen im Blau über den Bergen am Horizont.

Von unserm Standort aus können wir erkennen, dass nur ein Kondor Machu Picchu ausfindig machen konnte. Wie ein Horst liegt die befestigte Stadt mehrere hundert Meter über dem Tal des Urubamba auf einem von Menschenhand zwischen zwei Bergspitzen zu einem Sattel verbreiterten Kamm. Der Regenwald reicht an den steilen Hängen bis fast an die Mauern der Festung heran, lichtet sich und bedeckt als trockenerer, aber noch immer dichter, undurchdringlicher Urwald auch die Berghänge weit darüber.

Hiram Bingham schrieb seine Eindrücke in einem Tagebuch nieder: „Diese faszinierende Gegend übt einen derartigen Reiz auf mich aus, dass ich sie mit keinem Gebiet der Welt vergleichen kann. Hier finden

32

sich nicht nur schneebedeckte Gipfel, die die Wolken durchbohren und über dreitausend Meter hoch in den Himmel reichen, nicht nur gigantische, tausend Meter tiefe, steile Schluchten aus vielfarbenem Granit, auf deren Grund schäumende, glitzernde Stromschnellen tosen, hier finden sich auch – in auffallendem Kontrast dazu – Farne und Orchideen, die überwältigende Schönheit einer üppig bewachsenen Vegetation und die geheimnisvolle Magie des Urwaldes." Und in dessen Mitte Machu Picchu.

Ein Bauernsohn führte Hiram Bingham hinauf zu den fast völlig überwucherten und schweigenden steinernen Zeugen einer vergangenen Zeit. Ihm gehört der eigentliche Ruhm des Entdeckers.

Was ist das Geheimnis der Ruinen? Kaum eine andere kulturelle Stätte der Welt beflügelt die Phantasie so sehr wie diese, deren Rätsel bisher noch nicht gelöst werden konnten:

Von welchem Inka-Herrscher und für welchen Zweck wurde Machu Picchu überhaupt gebaut, warum so weit entfernt von allen anderen Inkasiedlungen und noch dazu so versteckt? Wer hielt sich dort auf? Waren es Astronomen, Priester und Jungfrauen zur Ehre und am Dienst des Sonnengottes? Diente der Ort den Inka-Herrschern zum Rückzug vor feindlichen Angriffen?

Die Anlage spiegelt deutlich die Dreiteilung der Gesellschaft. Auf den höchsten Punkten standen die Paläste und Tempel für den Adel und die Priester, darunter Wohnhäuser für Gelehrte und Handwerker und noch weiter unten einfache Häuser für die Bauern.

War die Festung autark? Konnten die Menschen über einen längeren Zeitraum ohne Kontakt mit der Außenwelt leben und überleben?

Von oben sehen wir Teile des genialen Brunnen- und Kanalsystems, das die Felder auf den Terrassen und die Wohnhäuser mit dem lebensnotwendigen Nass versorgte. Lamas als Fleischlieferanten konnten auf gerodeten Hängen weiden. Doch reichten die angebauten Feldfrüchte für eine auskömmliche Nahrung der Bewohner?

Der noch nicht geklärte Sinn der Anlage wird für den Unbedarften noch rätselhafter, vielleicht sogar zum Unsinn, wenn er erfährt, dass das fruchtbare Erdreich auf den tausenden von Quadratmetern der Terrassen aus einer Entfernung von mehr als 40 km auf den Rücken von Lamas aber auch Menschen über den Inka-Trail herangetragen werden musste – damals dem einzigen Zugang, der heute zu den beliebtesten wie berühmtesten Treckingpfaden der Welt zählt.

Wir steigen hinab, durchschreiten ein aus drei Monolithen gehauenes Tor und durchstreifen die alten Gassen und Gemäuer. Dicht beieinander stehen der Königliche Palast, der Brunnen für die rituellen Waschungen und der Sonnentempel. Zuerst wenden wir uns dem Intihuatana zu, dem Stein (inti), an dem in der Vorstellung der Inkas die Sonne festgebunden (huata) wurde. Im Winter werden die Tage immer kürzer, die Nächte immer länger, die Sonne zieht immer höher in den Norden, weit über die wasserreichen Gebiete des Amazonas hinaus. Die Inkas hatten Angst, sie könnte für immer entschwinden. Deshalb folgten sie dem symbolischen Ritual, die Sonne während der Sonnenwende am 22. Juni eines jeden Jahres „festzubinden".

Weit entfernt von den Anden, ganz im Süden des Pazifiks, liegt das „Land der langen weißen Wolke", Aotearoa, das wir Neuseeland nennen. Bei den einheimischen Maori erzählen die Väter ihren Kindern die Legende, dass ihre Ahnen die Sonne mit Seilen an der Erde festbanden und auf sie einschlugen, damit sie möglichst langsam über den Himmel zog und lange über ihnen blieb, damit sie die Menschen aber auch die Feldfrüchte länger wärmen würde.

Besteht ein Zusammenhang zwischen diesen Riten? Landeten irgendwann in vergangener Zeit Polynesier an den Ufern Südamerikas, um dort die Einwohner mit ihrem kulturellen Erbe zu befruchten?

Niemand weiß es. Der Intihuatana durfte jedoch in keiner Tempelanlage der Inkas fehlen. Der Stein wurde so kunstvoll behauen, dass

34

seine „Nase" zur Tagundnachtgleiche im Frühjahr und Herbst keine Schatten warf. Das ermöglichte den Priestern, die Zeit der Aussaat und der Ernte zu bestimmen.

Carlos geht voraus, überquert den Heiligen Platz und führt uns zuerst die vielen Treppen an der Seite der Wohnhäuser hinunter und dann hinüber zum Sonnentempel, einem kunstvoll gestalteten Bauwerk mit einem Turm.

Im anschließenden, zweistöckigen Giebelhaus residierten Binghams Theorie zu Folge die Manacunas – schöne, heilige von den Priestern ‚auserwählte Frauen', die Roben webten, Speisen zubereiteten und für die Priester und Adeligen das alkoholische Getränk Chicha brauten.

Carlos zeigt uns noch eine Grotte im Fels direkt unter dem Sonnentempel. Von wem stammten die sterblichen Überreste, die hier gefunden wurden? Bestatteten die Inkas hier die Noblen der Stadt? Von Königsmumien wird gesprochen, was eher unwahrscheinlich sein dürfte, da diese ihre letzte Ruhe in Cusco fanden.

Vorbei an weiteren Wohnhäusern gelangen wir zum Ausgang. Ich blicke noch einmal zurück auf diese faszinierende und geheimnisvolle Stätte, die auch wir Dank des kleinen Bauernjungen erleben konnten. Nur wenige Plätze der Welt nehmen einen so wie dieser gefangen: Der Steinkreis von Stonehenge in England vielleicht, oder die verwunschene Tempelanlage von Angkor Wat in Kambodscha, möglicherweise die befestigte Wüstenstadt Timbuktu oder die steinernen Mausoleen der Pyramiden von Gizeh. Sie haben alle eines gemeinsam, sie sind rätselhafte Zeugnisse großer Kulturen, die irgendwo in der einsamen Abgeschiedenheit errichtet wurden.

In Aguas Calientes kehren wir in eines der bescheidenen Gasthäuser ein. Wir bitten Carlos, uns zu begleiten. Irene und ich trinken Kaffee, er Kokatee. Wir waren heute am Morgen die zweite Reisegruppe, die Machu Picchu besuchte. Die Stadt lag bei unserer Ankunft am oberen Tor noch jungfräulich vor uns.

„Jeden Tag suchen 2.000 bis 2.500 Touristen Machu Picchu auf und etwa 500 Menschen, einschließlich der Träger, sind ständig auf dem Inka-Trail unterwegs", erklärt Carlos. „Die Behörden und auch die

UNESCO befürchten die allmähliche Zerstörung der Pfade und Treppen und heiligen Plätze. Sie wollen deshalb den Zustrom noch weiter reglementieren und damit beschränken. Auf der anderen Seite denkt der Ältestenrat von Aguas Calientes darüber nach, einen Investor zu finden, der eine Seilbahn baut, um die Besucher noch schneller transportieren zu können."

Carlos

„Ein Ausweg könnte doch darin bestehen, die Ruinen von Vilcabamba weiter auszugraben und für den Tourismus zu erschließen."

„Die Idee ist gut und schon oft diskutiert worden. Doch dafür fehlt der Bezirksregierung in Cusco leider das Geld."

„Waren Sie schon in Vilcabamba?"

„Ja, einmal. Espíritu Pampa, die Ebene der Geister, wie sie heute bezeichnet wird, ist als Ausgangspunkt nur sehr schwer zu erreichen. Das letzte Rückzugsgebiet der Inkas liegt über einhundert Kilometer weiter nördlich der Berge vor uns in einem unwegsamen Gebiet. Dort beginnen die Feuchtzonen Perus. Der Río Urubamba und andere Flüsse ergießen sich in den großen Amazonas. Fast ein Drittel des Landes befindet sich in diesem Quellgebiet"

Mit der Hand deutet er auf den Sattel von Machu Picchu, bevor er mit seinen Ausführungen fortfährt. „Straßen fehlen völlig rings um Vilcabamba. Um dort hinzukommen und die wichtigsten Ausgrabungsstätten zu sehen, müssen Sie mehrere Tage, womöglich Wochen ansetzen. Auf einem Bergplateau in 3.900 Meter Höhe entdeckte ein Archäologe die Ruinen von Corihuayrachina: landwirtschaftliche Terrassen, Gebäude, Speicher, Grabtürme, Bewässerungskanäle. Diese

36

Stätte würde alles übertreffen, was er erwartet hätte, soll der Forscher gesagt haben. Von dort aus sind der 6.271 Meter Hohe Salcantay und alle anderen schneebedeckten Berge der Gegend zu sehen."

Nach kurzer Pause fährt Carlos fort: „Noch sehenswerter sind die Bauwerke von Choquequiaro. Diese Stadt wurde nicht zerstört, nur aufgegeben und verlassen nach dem endgültigen Sieg der Spanier über das Inka-Reich."

Er hält nochmals inne, bevor er zu dem für ihn anscheinend wichtigsten Punkt kommt. „In meinen Adern fließt Blut indianischer und spanischer Vorfahren. Als nach mehrtägigem Aufstieg die großartige Stadt Choquequiaro vor mir lag, erging es mir wie Ihnen, als Sie heute vom oberen Tor zum ersten Mal auf Machu Picchu hinunterblicken konnten. Auch ich war damals atemlos vor Anstrengung, sprachlos und tief beeindruckt zugleich, aber auch den Tränen nahe angesichts dieses einmaligen Erbes der Inkas."

„Da bleibt zu wünschen, dass auch diese kulturellen Stätten eines Tages weiteren Besuchern zugänglich gemacht werde."

Die Kinder von Munaychay

Der kleine Bauernjunge, der Anfang des 20. Jahrhunderts Hiram Bingham durch die Wildnis hinauf nach Machu Picchu führte, lebte in ärmlichen Verhältnissen. Daran hat sich bei der großen Zahl der Landbevölkerung im Hochland der Anden bis heute wenig geändert. Die meisten Familien müssen dort mit den kargen Erträgen ihrer mühsam bestellten Felder auskommen.

Ein Deutscher, Dr. Dieter Arnold, setzte sich zum Ziel, die Lebensbedingungen der Landbevölkerung und der in Not lebenden Kinder nachhaltig zu verbessern. Zu diesem Zweck gründete er 1998 die Hilfsorganisation „Herzen für eine neue Welt".

Im Chícontal bei Urubamba, das wir auf der Fahrt nach Aguas Calientes und auf dem Weg zurück nach Cusco passierten, befinden sich die Bauerngemeinden Chícon und San Isidro. Oberhalb dieser kleinen Ortschaften wurde auf Initiative der Hilfsorganisation das Kinderdorf Munaychay errichtet, in dem siebzig Kinder aus ärmsten Verhältnissen ein neues Zuhause fanden.

Dank großzügiger Spenden konnte vor einigen Jahren auch die verwahrloste Grundschule des Chícontales komplett saniert werde. Sie gibt als „Schule der Hoffnung" den Kindern eine neue Perspektive für ihre Zukunft.

Neben der vorherrschenden Armut haben die Menschen des Tals auch noch mit weiteren Problemen, wie mangelnder medizinischer Versorgung, unzulänglicher Schulbildung, Alkoholismus und allgemeiner Perspektivlosigkeit, zu kämpfen. Auch in diese Situation versucht das Projekt helfend mit Maßnahmen einzugreifen, die die allgemeinen Lebensbedingungen der hier ansässigen Bevölkerung nachhaltig verbessern sollen. Mit weiteren Spenden konnte in der Dorfgemeinschaft von San Isidro inzwischen ein Dorfzentrum aufgebaut und eingeweiht werden, das neben einer Schreinerei, einer Schlosserei und einigen Versammlungsräumen auch eine Gesundheitsstation beherbergt.

Doch damit noch nicht genug. Mit Mikrokrediten werden Männer und Frauen bei der Gründung einer Existenz unterstützt. Ein Bauer, als Beispiel, pachtete ein zusätzliches Stück Land, baute Kartoffeln an, verkaufte diese, zahlte in Raten seinen Kredit zurück und unterstützt seine Familie mit dem überschüssigen Ertrag. Eine Bäuerin legte mit ihrem Kredit den Grundstock für eine Meerschweinchenzucht. Auch ihr gelang es, neben der Leistung der Ratenzahlungen für das geborgte Geld einen zusätzlichen Beitrag zum Unterhalt ihrer Familie zu erwirtschaften.

Diese Briefkarte gestaltete ein Mädchen
aus dem Kinderdorf Munaychay
mit Blumen des Chícontales
Mehr verrät die Internetseite
http://herzen.dpf.de

39

Cusco – Das Herz des Inkareiches

Von Aguas Calientes aus reisen wir mit dem Zug zurück nach Cusco; mit keiner gewöhnlichen Bahn, wie sich herausstellt, sondern mit dem nach dem Forscher und Entdecker benannten „Luxuszug Hiram Bingham" der Peru-Rail – ein unerwartet prunkvolles, letztendlich aber überkandideltes Erlebnis. Die mit edlen Hölzern und Plüsch ausgelegten Wagons gestalteten Designer im Stil der Pullmanwagen der 1920er Jahre. Musik erklingt, Pisco Sour heißt das In-Getränk und eine lang andauernde Modenschau führt elegante und für das Auge schöne Kleidung aus feinster Wolle der Alpakas und Vikunjas vor, die kaum auf dieser Studienreise und schon gar nicht zu Hause zu gebrauchen ist.

Der Zug quält sich hinter Ollantaytambo hinauf auf die Hochebene. Huarocondo und Izcuchaca heißen die im üppigen Grün der Felder, Obstplantagen und Wälder eingebetteten Orte, die wir passieren. Nach längerer Fahrt führen schließlich Serpentinen und Spitzkehren, zwischen denen der Zug rangieren muss, hinunter zum Bahnhof und in die Altstadt Cuscos.

In der Halle des Hotels Libertador angekommen, ermahnt Lucia ihre Schützlinge eindringlich, das Trinken des Kokatees nicht zu vergessen. „Ab jetzt so oft und so viel Sie nur können", fügt sie hinzu. Mehrere Kannen und Tassen stehen in der Lobby bereit. Sie geht mit gutem Beispiel voran und wir fügen uns dem Schicksal.

Auf den Grundmauern eines Palastes aus der Zeit der Inka bauten die Spanier das „Casa de los Cuatro Bustos". Wenn man dem Prospekt des Hotels Glauben schenken darf, dann residierte hier kurzzeitig der Eroberer Francisco Pizarro. Bauherr des kolonialen Palais war der Konquistador Marquis Salas Valdez, dessen Sohn Juan 1567 eine Verbindung mit dem Kanalsystem der Inkas herstellen ließ und für Zu- und Abwasser sorgte. Das heute in das Hotel integriert alte Haus verdankte seinen Namen den vier Büsten über einem Türsturz.

Durch einen Innenhof, der mit einem Brunnen und den Arkadenumgängen dem Kreuzgang eines Klosters gleicht, gelangen wir in unser Zimmer. Die noch von den Inkas behauenen Steine an einigen

Wänden fühlen sich an wie kühle Kissen. Die alten Mauern sollen zum Acllawasi, dem Haus der Sonnenjungfrauen, gehört haben, in dem die „Auserwählten" wohnten. Müde wie ich bin, will ich weder an Jungfrauen denken noch an die blutrünstigen Gräueltaten der Konquistadoren. Ich versuche rasch einzuschlafen.

Der bedeutendste Herrscher der Inkas war Pachacútec Yupanqui, der Eroberer, der Gründer von Tahuantisuyo – dem Land der vier Weltgegenden, der Organisator und Staatsmann und der größte Herrscher des gesamten alten Amerika.

Pachacútec vertiefte den Glauben an die göttliche Abstammung vom Sonnengott Inti. Pater Bernabé Cobo, Jesuit und Missionar, berichtete von einer Sage, nach der Inti, der Sonnengott, Pachacútec erschien. „Als Pachacútec den Gott erblickte, erschreckte er sich zutiefst und wollte fliehen. Komm zu mir, mein Kind, und fürchte dich nicht, denn ich bin dein Vater, die Sonne. Ich weiß, dass du ihre Völker unterwerfen und mich ehren und mit Opfern meiner immer gedenken wirst." Die Formulierung, „komm zu mir, mein Kind, und fürchte dich nicht", klingt wie eine Stelle aus dem Neuen Testament. Hoch anzurechnen ist jedoch dem Pater die Offenheit, mit der er der Nachwelt von dem Glauben Pachacútecs und der Inkas an die Sonne als ihren Gott berichtete.

Die Legende hätte auch im alten Ägypten spielen können. Auch dort wurde die Sonne mit dem Namen Amun-Re als ein göttliches Wesen verehrt. Pharao Echnaton war es, der sogar die Huldigung anderer Götter in den Tempeln untersagte und nur die Sonne, von ihm Aton genannt, als einzigen Gott anerkannte.

Was der Tempel von Karnak bei Luxor, der Tempel des Sonnengottes Amun-Re, war der Coricancha in Cusco, der Sonnentempel Intis in der Hauptstadt der Inkas.

Auf der anderen Seite des kleinen Platzes vor dem Hotel lädt das Portal der Klosters Santo Domingo zu einem Besuch. Die Spanier bauten es auf die Grundmauern des Sonnentempels. Kirche und Konvent mussten nach mehreren Erdbeben immer wieder erneuert werden, während die polygonalen Quader der Inkas ohne Mörtel alle Erschütterungen ohne Schaden überstanden haben.

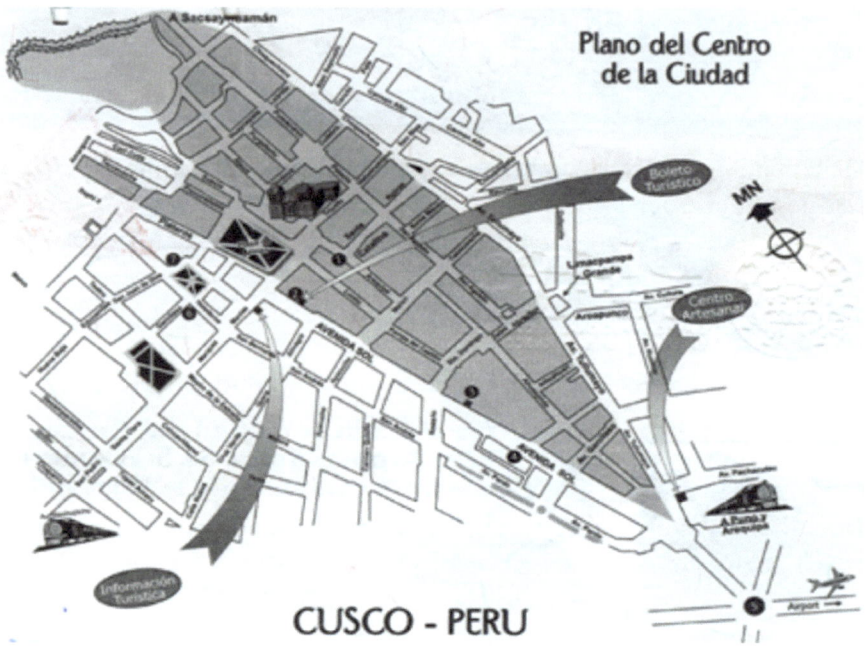

1 Jesuitenkirche La Companía  2 Kunstmuseum  3 Santo Domingo
4 Museum der Naiven Kunst  5 Munument Pachacútec
6 Museum der Stadt  7 Santa Teresa

Von den reichen Schätzen aus Gold und Silber blieb der Nachwelt kaum etwas erhalten. Das Gold nannten die Inkas Tränen der Sonne, das Silber Tränen des Mondes. Sie maßen dem persönlichen Besitz der Edelmetalle keinen besonderen Wert bei – sie schmückten damit ihre Weihestätten in reichem Maße.

Die spanischen Eroberer raubten diese Schätze und zerstörten Cusco wie auch alle anderen Plätze des Reiches.

Wer waren diese weißen, bärtigen Männer aus fernen, fremden Ländern wirklich? Waren sie skrupellose Konquistadoren, Goldsucher

42

und Ausbeuter oder zur Liebe und zum christlichen Miteinander aufrufende Missionare? Die Ankunft der Europäer, der in Eisenrüstungen auftretenden spanischen Eroberer und der sie begleitenden Mönche, erwies sich als Desaster für die Kultur der einheimischen indigenen Bevölkerung.

Arabische Muslime herrschten von 711 bis 1492 im Al-Andalus genannten Teil Spaniens. Erst nach 781 Jahren gelang den Spaniern die Befreiung von der Unterdrückung durch die Fremden. Ihr aufgestauter Zorn scheint sich an den Bewohnern des Andenreiches entladen zu haben. Kaum ein Stein blieb auf dem anderen: Aus den Quadern des Viracocha-Tempels wurde die Kathedrale am Plaza des Armas, aus den Palästen des Pachacútec und des Inka Roka das Museum der Stadt und die Kirche Santa Teresa, aus dem Haus der Sonnenjungfrauen das Monasterio Santa Catalina, aus dem Palast des Huayna Capac das Jesuitenkloster und, wie schon erwähnt, aus dem Sonnentempel Coricancha das Kloster Santo Domingo. Orte der Verwüstung wurden Orte der Erinnerung zugleich.

Nachdenklich über das hier Geschehene – und zugleich angetan vom kolonialen Charme spanischer Kolonialarchitektur in seiner Kombination mit den Grundmauern der Inka – durchstreifen wir die Gassen und Plätze der Altstadt Cuscos.

Aus der Perspektive eines Kondors betrachtet, gleicht ihr Umriss einem Puma, was die Machtfülle ihrer Herrscher symbolisieren sollte.

Die Inka waren eine aristokratische, einige tausend Mitglieder umfassende Großfamilie aus dem Andengebiet um Cusco. Sie herrschten zur Zeit der Ankunft der Spanier über ein Reich, das sich 4.000 km entlang der Anden erstreckte und in dem sieben bis acht Millionen Menschen aus etwa einhundert verschiedenen ethnischen Gruppen lebten. Sapay Inka, der einzige Inka, nannten sich die Herrscher. Sie trugen den Titel „Sonne des Inti", nach der als Gott verehrten Sonne.

Nach einem Rundgang fahren wir mit dem Bus hinauf „zum Kopf des Pumas", zur Festung Sacsayhuamán. Alle Inkamauern, die wir bisher sahen, verblassen im Vergleich zu den drei aus riesigen Steinquadern im Zickzack hintereinander aufgetürmten Wällen. Das Original übertrifft all das, was wir aus Bildberichten und Dokumentarfilmen bisher zu kennen glaubten. Die größten Blöcke am Haupttor sind neun Meter hoch, fünf Meter breit, vier Meter tief und wiegen über 200 Tonnen. Bis zu 30.000 Arbeiter mussten über mehrere Jahre eingesetzt werden, um dieses Bauwerk zu vollenden – alles von Hand behauen und ohne Rad, Kran und sonstige Maschinen transportiert.

Der Chronist Inca Garcilaso de la Vega – ein Sohn des Konquistadoren Sebastián Garcilaso de la Vega und einer Nichte des Inka-Herrschers Huayna Cápac – berichtete vom Inti Raymi, dem Sonnenfest. Die Feierlichkeiten dauerten mehrere Tage. Sie fanden nach der Wintersonnenwende auf dem Waqaypata statt, dem Platz der Tränen, den wir heute als Plaza des Armas kennen lernten. Seit einigen Jahren werden die Feiern auf der Festung Sacsayhuamán begangen. Mit den Zeremonien wurde symbolisch der mythische Ursprung der Inkas wiedergegeben. Prozessionen und Tänze wurden aufgeführt und die Gebete für gute Ernten waren mit Tieropfern verbunden.

Inca Garcilaso de la Vega berichtete auch von grausamen, blutrünstigen Geschehnissen seiner kriegerischen Vorfahren. Sie schlugen den Gefallenen zuerst die Köpfe ab, dann die Schädeldecke, höhlten sie aus und benutzten sie als Trinkgefäße. Das „Siegeslied der Inkas", von ihm aufgezeichnet, schildert diesen makabren Brauch:
„Aus seinem Schädel werden wir trinken. Wir werden uns mit seinen Zähnen schmücken. Seine Knochen werden uns als Flöten dienen. Zum Rhythmus einer Trommel, mit seiner Haut bespannt, werden wir tanzen."

Indiofrauen bauten Stände am Rande des Parkplatzes am Hang unterhalb der Festung auf. Sie verkaufen Yacollas und Llicllas, wie die bunten Ponchos und Schals in der Sprache der Quechas genannt werden. Ein junger Mann spielt auf einer Quena, einer Andenflöte – nicht aus Menschenknochen, sondern aus Bambus gefertigt.

Zurück in der Stadt besuchen wir ein Restaurant am oberen Ende der Plaza des Armas. Von der Veranda im ersten Stock haben wir einen fantastischen Blick auf die Kathedrale, den belebten Platz mit dem Springbrunnen in der Mitte und die Jesuitenkirche La Companía mit der großen Kuppel und den beiden Türmen. Als wir Kokatee zum Essen bestellen, wiegt der Kellner seinen Kopf.

„Ich würde Ihnen Bier oder Wein zu Arroz con Polo empfehlen und Kokatee zum Nachtisch." Fragend schaut er uns an. „Und welchen Mais möchten Sie?"

Erstaunt blicke ich zurück. „Was heißt, welchen Mais?"

„Roten, blauen, weißen, grünen oder gelben?"

Wir erinnern uns an die vielen auf dem Markt in Pisac angebotenen Sorten, wissen aber keinen Rat. Als ich mit den Schultern zucke, empfiehlt er kurz angebunden: „Nehmen Sie grünen Mais zum Polo."

Wir sehen uns an und stimmen ihm zu. Trotz des leichten Druckes im Kopf, der sich bereits heute Nacht einstellte und auch tagsüber anhält, entschließen wir uns auch, erst einmal Bier zu trinken.

Kurz drauf wird uns eine Mischung aus Reis mit grünem Mais in einer Schmorpfanne serviert – zwar optisch nicht sehr ansprechend, zusammen mit dem in scharfem Chili eingelegtem Huhn jedoch eine schmackhafte Überraschung. Mit einem Schluck Bier löschen wir das Feuer der scharfen Gewürze.

Die Sonne scheint. Trotzdem frösteln wir im kühlen Wind auf der Veranda. Wir verzichten auf einen Nachtisch, nicht jedoch auf eine große Kanne mit Kokatee, die wir in der Hoffnung auf eine vorbeugende Wirkung bis zum letzten Tropfen leer trinken.

Auf dem Weg zum Hotel machen wir einen zum Pflichtprogramm gehörenden Umweg über die Via Triunfo zum berühmtesten Stein Perus – mannshoch, mit zwölf Ecken und tonnenschwer.

Die sanften Kissen gleichenden Steine der Mauern des ehemaligen Acllahuaci ganz in der Nähe, des Hauses der Ausgewählten Frauen in der Via Arequipa, erinnern uns an die Schweißtropfen der fleißigen Steinmetze ebenso wie an die von ihren Bewohnerinnen vergossenen Tränen und ausgestoßenen Schreie, als sie von den Konquistadoren vergewaltigt und ermordet wurden.

Zurück im Hotel treffen wir mit Kokatee und zwei Flaschen Mineralwasser Vorsorge für eine hoffentlich angenehme Nachtruhe.

Stufenpyramide in Lima

Kathedrale von Lima

Heiligtum von Qenko

Tal des Río Urubamba

Festung Pisac

Markt von Pisac

Mystisches Machu Picchu

Intihuatana

Kathedrale von Cusco

Plaza Mayor

Santo Domingo …

… auf dem Sonnentempel

Zwölfeckiger Stein

Zyklopenmauer Sacsayhuamán

Lama oder Alpaka?

Unterwegs

Auf dem Altiplano

Heute steht uns ein langer „Ritt" bevor. Wir reisen vom Land der Quechuas ins Land der Aymaras – von Cusco nach Puno. Eine Fahrtstrecke von 420 km muss bewältigt werden, einschließlich eines Abstechers nach Sillustani. Auf eine Reise mit der sicher bequemeren Eisenbahn verzichten wir. Sie würde uns neuneinhalb Stunden auf den Sitz fesseln. Wir wollen zwischendurch jedoch anhalten, aussteigen, besichtigen und nach Möglichkeit auch Leute kennen lernen. Als Alternative bleibt für dieses Abenteuer nur der Bus.

Quechua          Aymara

Im ehemaligen Reich der Inkas leben unterschiedliche Ethnien. Sie können in zwei Sprachfamilien zusammengefasst werden, in die der Quechua im weiten Umkreis von Cusco und die der Aymara am Titicacasee und in Bolivien.

Nach einer halben Stunde erreicht der Bus in dem unscheinbaren Ort Oropesa den tiefsten Punkt des Tages mit 3.090 m über dem Meer. Lucia ermahnt uns, das Trinken nicht zu vergessen. Gehorsam greife ich zu einer der Mineralwasserflaschen in meiner Reisetasche. „Wir werden auch Pausen einlegen, um das viele Wasser wieder loszuwerden", fügt sie beruhigend hinzu.

Rechts und links der Straße vollzieht sich schon kurz darauf ein wie von einem Bühnenbildner inszeniertes Schauspiel. Ruinen alter Städte tauchen wie aus dem Nichts auf: Häuser, Terrassen, ein Aquädukt,

48

Kanäle, Kaskaden – und das alles vor der Kulisse des gigantischen Vilcanota-Massivs mit dem schneebedeckten Ausangate, dem höchsten Gipfel der Anden im Süden Perus. Jahrhunderte vor den Inkas gründete hier das Volk der Wari die heute Pikillacta und Rumicolca genannten Plätze. Einige der Bauwerke können wir im Vorbeifahren aus der Ferne beobachten.

Einen ersten, wenn auch nur kurzen Stopp legen wir in Andahuaylillas ein. Am Marktplatz steht die barocke Kolonialkirche San Pedro aus dem 17. Jahrhundert. Die Jesuiten wollten offenbar die Andenvölker durch Pomp gewinnen. Rätselhafte Allegorien zieren Wände und Decken des Schiffes und der prunkvolle Marienalter wurde mit dem verziert, was man den Inkas raubte – mit Gold und Silber in Hülle und Fülle.

Obwohl kaum sichtbar, führt die Straße stetig bergauf. Sie folgt dem Lauf des Río Urubamba, der wegen des großen Gebirges an seinem Oberlauf auch Río Vilcanote genannt wird.

Die trockene Hochebene des Altiplano vor uns scheint kein Ende zu haben. Eingerahmt von der Cordillera Oriental und der Cordillera Occidental zieht sich ihr breites Band bis zu den Ufern des Titicacasees und von dort weiter bis nach Chile. Einsame Höfe und versprengte Dörfer sind auszumachen. Überall steht das für diese Gegend typische Ichugras. Spröde fasst es sich an. Herbst und Winter färbten es goldgelb.

Darüber wölbt sich das strahlende Blau des Himmels. Die Sonne zieht Richtung Zenit.

Der Bus hält zum zweiten Mal. Wir sind in Raqchi und steigen aus. Auf dem großen Platz halten die Indios Markt – in erster Linie für die vorbeikommenden Fremden, wie sich herausstellt. Der Kirche mit den wehrhaften Türmen und einem vergleichsweise bescheidenen Inneren gegenüber steht ein profaner Neubau. „Pecunia non olet" schrieb ein Einfaltspinsel auf ein Türschild unter die Buchstaben WC.

„Das ist ernst gemeint", gibt Lucia kund. „Sie sollten für die Benutzung ein paar Centimos geben". „Aber nicht mehr als einen Sol", ergänzt sie noch schnell.

Die Frauen auf dem Markt unterscheiden sich in ihrem Äußeren von jenen, die wir in Pisac und an anderen Plätzen bisher sahen. Sie bevorzugen schwarz-graue Kleider, die sie mit Bändern und Motiven in grellem Pink verzieren. Auf dem Kopf tragen die meisten von ihnen tellerförmige Hüte.

Die besondere Sehenswürdigkeit des kleinen Ortes liegt hinter den Mauern und Häusern, die den Platz nach Süden abschließen – die gewaltige Tempelanlage Viracocha.

In der alten Mythologie der Indios galt Viracocha als Schöpfergott und oberste Gottheit zugleich. Die überlieferte Legende erzählt, dass Viracocha und seine Frau Mama Qucha, die Mutter des Meeres, einen Sohn und eine Tochter hatten, Inti die Sonne und Killa den Mond. Eine Sintflut brach über das Land an den Hängen der Anden herein. Von der Unu Pachakuti wird berichtet, von der Zeitenwende des großen Wassers in der fast alle Menschen ertranken. Nur zwei überlebten – die Urahnen der Andenmenschen.

Verursachte vor hunderten oder tausenden von Jahren schon einmal das Klimaphänomen „El Nino" eine Umkehr der kalten und warmen Meeresströmungen vor der Küste Südamerikas und in der Folge sintflutartige Regenfälle? Aufzeichnungen von 1726 und 1892 berichten von derartigen Ereignissen. Noch ältere Katastrophen sind durchaus denkbar.

Wir durchwandern die weit verzweigte Anlage. Beeindruckende Mauerreste blieben erhalten. Archäologen berechneten, dass das Dach des Haupttempels bei einer Höhe von achtzehn Metern eine Spannweite von fast fünfzig Metern haben musste. Reste von Wohnvierteln sind zu sehen. In den Wandnischen großer Zimmer standen vermutlich Skulpturen, die bei religiösen Zeremonien Verwendung fanden. Große Lagerhäuser, rund gebaut wie Silos, lassen darauf schließen, dass von hier aus nicht nur die Bewohner der Tempelstadt, sondern weite Teile des umliegenden Landes versorgt wurden. Auch an Komfort fehlte es nicht. Die Reste großzügiger Badeanlagen blieben bis heute erhalten.

Wieder zurück durchstöbern wir die Markttische. Ich ergänze den Wasservorrat mit einem Sechserpack in Halbliterflaschen.

50

# Im Andenhochland

Inka-Okarina    Atahualpa - Letzter Inkaherrscher  Knotenschnüre

Raqchi          Viracocha              Sonnentempel

Irenes Aufmerksamkeit gilt einer jungen Frau, die Kunsthandwerk aus Holz, Stein und Keramik anbietet. Ein Mitreisender kauft einen kleinen Krug mit großen Henkeln, die Ohren gleichen. Ich halte mit meiner Kamera fest, wie sie ihm das Erinnerungsstück überreicht. Das macht sie auf uns aufmerksam. Aus ihren zahlreichen Figuren sucht sie eine Skulptur mit einem die Arme einander umschlingenden Paar, was ich in diesem Moment noch nicht weiß. Hat sie beobachtet, wie wir Hand in Hand durch die Enge der Menschen zwischen den Ständen drängten? Als geschickte Verkäuferin deutet sie mir an, ich solle einen Arm um die Schulter meiner Frau legen. Als ich ihr zu Gefallen dies tue, reicht sie Irene die kleine Statue.

Mit Gesten versuche ich zu erfragen, ob sie selbst die Figur gefertigt hat. Sie schüttelt ein wenig den Kopf, deutet auf den Mann am Verkaufstisch nebenan und hält uns gleichzeitig ihre Hand mit dem Ehering hin. Ihr Mann ist also der Künstler. Wir feilschen noch kurz und kaufen unser Erinnerungsstück an die Reise auf dem Altiplano.

Wolken ziehen auf. Frischer Wind bläst uns auf dem Weg zum Bus entgegen. Die Temperatur nähert sich dem Gefrierpunkt.

Bei der Ortschaft San Pedro biegen wir wieder auf die Andenstraße ein. Nach nur wenigen Minuten durchfahren wir Sicuani, eine wenig einladende Kleinstadt.

Kurze Zeit später steigt die Straße merklich an. Weideflächen mit Lamas und Kühen sind zu sehen. Wir befinden uns im Quellgebiet des Río Urubamba. Auch heiße Quellen sprudeln hier, wie der Dorfname Aguas Calientes verrät.

Der Bus wird merklich langsamer. Der Fahrer schaltet in die unteren Gänge. Das Geräusch des Motors schwillt krächzend an.

Die Vegetation verschwindet mehr und mehr. Die Bergmassive rücken auf beiden Seiten näher. Ein Straßenschild verkündet das nahe Ziel. Nur noch ein paar Meter sind zu fahren, dann haben wir mit dem Bus den Pass erreicht.

Der Abra La Raya liegt 4.335 m über dem Meer – der höchste Punkt und auch ein Höhepunkt der Reise und gleichzeitig der höchste Punkt, auf dem wir auf dieser Erde jemals standen. „Die Region Puno wünscht ihnen eine gute Reise", steht auf dem Schild geschrieben.

Wir legen Schals um, setzen Mützen auf und halten die Jacken hochgeschlossen, um dem eisigen Wind zu trotzen. Indiofrauen verkaufen ihre Waren, postieren mit einem Lama für Bilder gegen ein Trinkgeld und halten Getränke bereit. Die extrem trockene Luft und die Höhe zehren an der Gesundheit. Das Panorama und die beiden Fünftausender im Hintergrund – Chimboya und Cunarama – entschädigen unsere Mühe.

53

Sonnenland am Titicacasee

Für die Fahrt vom La-Raya-Pass zur Provinzhauptstadt Juliaca und weiter zur Abzweigung zum Umayo-See benötigen wir drei Stunden. Eintönigkeit machte sich auf der langen Strecke breit.

Das ändert sich rasch, je näher wir der Totenstadt von Sillustani kommen. Noch einmal müssen wir einen Pass erklimmen. Eine archaische Landschaft liegt zuerst vor uns und schließlich, als wir auf dem Bergkamm anhalten, unter uns. Enten schwimmen am Rande des Sees durch Binsen und Sumpfpflanzen, die wir als Kinder Schlotfeger nannten. Einige Bauernhöfe stehen auf den flacheren Hängen am jenseitigen Ufer. Niedrige Mauern aus Bruchsteinen schützen die kleinen Felder in ihrer Nachbarschaft vor dem Wind.

Die Durchschnittstemperaturen liegen am Titicacasee und in seinem Einzugsgebiet ganzjährig tagsüber bei 18 bis 20 ° C, nachts sinken sie bis an den Gefrierpunkt und in den Wintermonaten Juni und Juli auch darunter. Kein Wunder, dass die Vegetationsreste jetzt im August vertrocknet und braun gefärbt die Erde bedecken.

Wie ein Fanal und weithin sichtbar stehen am höchsten Punkt die bis zu zehn Meter hohen Grabtürme, die von den Aymaras Chullpas genannt werde. Sie wurden aus fein behauenen Steinen erbaut; rund und zum Teil nach oben hin breiter.

Über die meisten fielen Grabräuber her. In einigen wurden noch Mumien gefunden. Sie waren bandagiert und in hockender Stellung nach Osten hin zur aufgehenden Sonne bestattet worden.

Welches Volk diese Mausoleen erbaute, blieb bis heute ungewiss? Das Volk der Kolla soll hier lange vor der Zeit der Inkas gesiedelt haben. Wird deshalb von der Hochebene Collao gesprochen, die den Titicacasee umgiebt? Die Sonne spielte auch in ihrer Kultur bereits eine große Rolle. Darauf lassen auch die Steinkreise am Fuße einiger dieser Chullpas schließen.

Wir befinden uns hier, so viel steht fest, in einer rätselhaften Welt. Die gefundenen Spuren menschlicher Kultur haben ihre Anfänge vor etwa 15.000 Jahren. Die Frage nach der Kultur der Tiwanaku, deren Hinterlassenschaften wir in drei Tagen besuchen werden, blieb bisher

54

ungelöst. Die Ursprünge der Inkas sollen auf der Sonneninsel des Titcacasees liegen.

Wenn wir das Aymara-Wort Tiwanaku nach seinen Bestanteilen zerlegen, dann lebte und lebt hier noch immer das „Volk der Sonnenkinder", denn Ti steht abgekürzt für „inti" die Sonne, „wawan" für Sohn und „hake" für Volk. In ihrer Mitte, oder besser gesagt in ihrer geduldeten Nähe, lebten und leben die Urus, Menschen mit mehr dunklerer Hautfarbe, von denen wir morgen mehr erfahren werden.

Auf der Weiterfahrt zum Hotel hält Lucia bei einem Bauernhof den Bus an. Sie vereinbarte vorab mit der dort lebenden Familie, dass sie uns durch Haus und Hof führt.

Ich muss darauf leider verzichten. Mein Kreislauf macht nicht mehr mit. Mit zu niedrigem Blutdruck, kaltem Schweiß auf der Stirn, leicht fröstelnd und Kopfschmerzen bleibe ich zurück und versuche mich mit Mineralwasser im wahrsten Sinne des Wortes über Wasser zu halten.

Der Busfahrer weckt mich aus meiner dämmrigen Verschlafenheit. „Un Cóndor", sagt er flüsternd, als wolle er ihn nicht verscheuchen und deutet durch die Windschutzscheibe nach oben. In der Tat, ein Kondor kreist über dem Grasland auf der anderen Seite der Straße. „Uno mas", ein anderer, ein zweiter. Das Schauspiel geht zu Ende bevor die Gruppe zum Bus zurückkommt. Der Fahrer kramt eine Kassette hervor und legt sie ein. El Cóndor pasa erklingt.

Unser Quartier, das Hotel Libertador in Puno, erreichen wir erst in der Dämmerung. Einer Fata Morgana gleich liegt der lange flache Bau auf einer kleinen Insel im Titicacasee, mit einer Brücke zum nahen Land verbunden.

Eine große Kanne Kokatee und eine kurze Ruhepause bringen mich wieder auf die Beine. Beim Abendessen halte ich mich zurück und begnüge mich mit buntem Gemüse und Mais. Nachdem ich eine zweite Kanne Kokatee ausgetrunken habe, ziehe ich mich zurück.

Ein faszinierender Sonnenaufgang entschädigt mich für die unruhig verbrachte Nacht. Vom Fenster des Zimmers blicken wir über den See nach Osten zur Cordillera Real, zu den Kordilleren der Könige.

Schneebedeckt und wolkenumspielt ragen ihre Gipfel in einen sonst klaren Himmel. Die ersten Sonnenstrahlen blinken durch das Fenster, das sich nicht verdunkeln ließ, und wecken uns. Der höchste Berg, der zu sehen ist, muss der Illampu sein.

Noch vor der Abreise las ich zu Hause eine Legende der Indios, die ich am Frühstückstisch zum Besten gebe:

„Vor langer Zeit töteten sich die beiden mächtigen Könige Illampu und Illimani gegenseitig, als sie um die Macht über die Kolla-Region rangen. Auf dem Sterbebett verpflichteten sie ihre Söhne, ihren Tod zu rächen, und obwohl diese den Kampf nicht wollten, fühlten sie sich durch den Schwur ihrer Väter gebunden und zogen gegeneinander in den Krieg.

Die Geschichte wiederholte sich, auch sie fügten sich im Kampf tödliche Wunden zu. Noch auf dem Schlachtfeld vergaben sie einander und baten ihre Diener, sie nebeneinander aufzubahren.

Die Göttin der Fruchtbarkeit versicherte den jungen Königen, dass sie wegen der Feindschaft ihrer Väter nicht hätten sterben müssen, und bestrafte die Väter im Nachhinein, indem sie ihre Sterne vom Himmel fallen und zu den beiden schneebedeckten Berggipfeln werden ließ – Illampu und Illiani."

Mit einem Hinweis schließe ich die Geschichte: „Den Illampu sehen sie jenseits des Sees, den Illiani werden wir morgen zu Gesicht bekommen, wenn wir uns La Paz in Bolivien nähern."

Für heute war eine Fahrt mit dem Bus am Westufer des Titicacasees über Pomata zur Grenze Boliviens und weiter auf eine Halbinsel zum Ort Copacabana geplant. Von dort war beabsichtigt, uns mit einem Schiff zur Isla del Sol und am Nachmittag nach Huatajata zu bringen. Es sollte jedoch alles anders kommen.

Zuerst machen wir überraschte Augen, als wir am frühen Morgen den Bus besteigen. Leichter Schneefall in der Nacht verzauberte die Landschaft rings um Puno. Erste Flecken im Weiß zeigen, dass die strahlende Sonne stärker sein und das winterliche Kleid nach und nach auflecken wird.

Wir verlassen die kleine Isla Esteves über die Verbindungsbrücke, fahren Richtung Puno und biegen an der Kreuzung mit den Wegweisern nach Pomata und Copacabana in die Avenida El Sol ein. Am Kreisverkehr beim Park Romón Castillo staut der Verkehr, der kurz darauf völlig zum Erliegen kommt.

„Die Lage ist schlimmer als befürchtet." Lucia meldet sich über den Bordlautsprecher. „Die Studenten der Universidad Nacional streiken und demonstrieren. In den Nachrichten wurde gemeldet, dass sie mehrere Straßensperren aufgebaut haben. Wollen wir hoffen, dass die Polizei rasch für Ordnung sorgen kann."

Als Grund für den Aufruhr nennen sie überfüllte Hörsäle, zu wenig Professoren und eine zu geringe finanzielle Förderung. Wie sehr sich doch ihre Probleme mit jenen in unseren Breitengraden gleichen.

Mannschaftswagen und Wasserwerfer fahren vor. Polizisten springen heraus, ausgerüstet mit Schutzhelmen, Visier, Schlagstöcken und Handfeuerwaffen. Einige von ihnen bilden mit mannshohen Schilden eine Schildkröte, durchbrechen die Mauer der mit Steinen werfenden Demonstranten, umzingeln sie und dreschen mit den Knüppeln auf sie ein. Für ein paar Minuten ist die Polizei Herr der Lage. Sperren aus Steinen, großen Quadern, Eisenstangen und Mülleimern werden entfernt. Ein Molotowcocktail explodiert. Rauchsäulen steigen von brennenden Autos auf, die als zweite Straßensperre zusammen geschoben wurden. Hunderte von Sympathisanten unterstützen die Studenten. Der Aufruhr scheint zu eskalieren. Die Polizei fordert die Fahrer der Fahrzeuge auf, die Straße zu räumen. Rückwärts rollt unser Bus bis zur nächsten Wendemöglichkeit und von dort weiter in die Innenstadt von Puno.

Lucia hatte unentwegt mit ihrem Handy telefoniert. „Wir können uns in einem kleinen Hotel, das zurzeit wenig besucht ist, vorübergehend aufhalten. Wenn wir Glück haben, wird gegen Mittag mit einigen Stunden Verspätung die Weiterreise möglich sein." Sie spricht sehr aufgeregt. „Für alle Fälle habe ich bereits Kontakt mit der Tourist-Agentur in Bolivien aufgenommen, damit ein neuer Zeitplan aufgestellt werden kann."

In der Halle des Hotels Sillustani in der Altstadt Punos ist es so kalt wie draußen vor der Tür. Stühle werden herangeschafft, damit alle Platz finden. Ein junger Mann bringt ein Tablett mit Tassen herein, eine Frau Thermosflaschen mit Kokatee, den die meisten dankbar zu sich nehmen. Applaus bekommt der junge Mann, als er einige Minuten später mit einem Arm voll Scheitholz erscheint und ein Kaminfeuer entfacht.

Die Zeit verstreicht nutzlos: keine lesbare Zeitung, kein Radio, kein Fernsehgerät, nur ein paar Bücher in Spanisch. Ich blättere in meinem Reiseführer, um festzustellen, was wir möglicherweise versäumen – in Pomate eine malerische Dorfstraße mit spanisch-kolonialem Flair und eine Basilika im maurischen Stil mit einer von einem christianisierten Indio bereits 1576 geschnitzten Schwarzen Madonna in Copacabana. Dieses Wort, das für jeden unzertrennlich mit Rio de Janeiro in Verbindung steht, stammt jedoch ursprünglich von den alten Aymara. Mit „ku-ta ka-wa-na", mit Seeblick bezeichneten sie die Halbinsel, auf der die Konquistadoren aus den Steinen der von ihnen zerstörten Sonnenheiligtümer den Ort Copacabana und die Kirche bauten.

Endlich, nach langem Warten kommt Lucia mit der enttäuschenden und zugleich erlösenden Meldung zur Tür herein: „Wir müssen leider auf die geplant Rundfahrt verzichten. Ein Schiff bringt uns in einer Stunde vom Hafen Punos direkt nach Bolivien. Alles Weitere, wenn wir an Bord sind."

In Absprache mit ihr nutzen wir zusammen mit anderen die noch bleibenden Minuten zu einem kurzen Rundgang durch die Gassen Punos. Die alles überragenden Türme der Kathedrale erleichtern die Orientierung. Bereits drei Querstraßen weiter stoßen wir auf diesen mächtigen wie barocken Bau. Daneben steht ein altes Palais, das einst von einem spanischen Regionalfürsten des Vizekönigreiches gebaut und bewohnt wurde.

Mehr Zeit bleibt nicht. Mit der Gruppe brechen wir zum Hafen auf. Nach einem endlosen Fußmarsch über die belebte Hafenstraße und mehrfachen Polizei- als auch Passkontrollen gelangen wir zur Spitze des Piers. Ein kleiner Punkt nähert sich mit hoher Geschwindigkeit, wird größer aber auch langsamer; ein rotes Schiff, das beidreht und anlegt. Wir gehen an Bord.

Während das Boot ablegt und mit kaum vernehmbarem Motorengeräusch langsam auf den See hinaus gleitet, werden wir zuerst vom Kapitän auf Englisch und anschließend von einer Frau auf Deutsch begrüßt: „Meine Name ist Anna. Ich heiße Sie an Bord herzlich willkommen. Sind Sie bitte nicht traurig, dass Sie auf die Busreise verzichten müssen. Das, was Sie nämlich soeben und in den nächsten Stunden erleben, ist eine einmalige Ausnahme für eine Touristengruppe. Sie fahren auf einem bolivianischen Schnellboot der Polizei und des Zolls, zuerst langsam vorbei an den schwimmenden Inseln der Uros, dann weiter mit Höchstgeschwindigkeit zu den Islas del Sol und de la Luna und schließlich von dort nach Huatajata in Bolivien – und das alles ohne Papierkrieg, Stempel und Genehmigung der beiden Regierungen."

Zwei Halbinseln bilden eine große Bucht vor Puno. Erst dahinter öffnet sich der Titicacasee in seiner vollen Weite.

In der Nähe des Durchgangs baut das hier lebende kleine Volk der Urus seit Menschengedenken „Schwimmende Inseln". Sie schichten mit Geschick das sehr tragfähige Totora-Schilf, das reichlich an den seichten Uferstellen wächst, in versetzten Lagen so hoch übereinander, bis die Wellen des Sees die künstlichen Inseln nicht mehr überfluten können. Das Schilf verwenden die Urus auch zum Bau ihrer Inselhäuser und Boote.

Die meisten Inseln werden nur noch wegen des Geschäfts mit dem Tourismus tagsüber bewohnt. Für ein paar Soles kann man „an Land" gehen und Fotos machen.

Am Abend, wenn die Touristen Richtung Puno entschwunden sind, fahren die Uros mit ihren Booten ans nahe Ufer der Halbinsel, wo sie sich längst vor der Feuchtigkeit des Sees geschützte Unterkünfte errichtet haben. Nur wenige leben noch in der Tradition ihrer Väter ausschließlich auf den Inseln.

Langsam gleitet unser Boot mit etwas Abstand an dieser Inselwelt der Urus vorbei, um gleich darauf mit aufheulenden Motoren volle Fahrt in Richtung Isla del Sol aufzunehmen.

Eduardo, Kapitän und Steuermann in einer Person, erlaubt mir, einen Stehplatz hinter ihm auf der kleinen Brücke einzunehmen. Ich versuche mich auf die Einmaligkeit des Augenblicks zu konzentrieren, den Lärm der Motoren nicht mehr wahrzunehmen, nur noch das Gleiten in höchster Geschwindigkeit über den Titicacasee in 3.820 m Höhe zu genießen, die frische Luft tief in meine Lungen einzusaugen, das Bild der Königs-Kordilleren mit den Schönwetterwölkchen im Gedächtnis festzuhalten und die Mythen der Inkas und der anderen hier vor Jahrhunderten wirkenden Völker in mir lebendig werden zu lassen.

Viracocha erschuf als oberster Gott die Erde und die Menschen, stellte den Donnergott Illapa, die Mutter Erde Pacha Mama und die Mondgöttin Mama Quilla an seine Seite. Als Inti, der Sonnengott vom Titcala-Felsen der Isla del Sol, der Sonneninsel, zum Firmament aufstieg, entsandte er seinen Sohn Manco Cápac als Führer der Inkas und dessen Schwester und Frau Mama Ocllo in das Andenreich. Fortan nannten sich die Herrscher Inka, Sapay Inka, der einzige Inka und Sohn des Inti.

Welch eine schöne Legende! Aber welch eine grausame Legende zugleich aus der die Inka-Herrscher ihre göttliche Abstammung, ihre Macht auf Erden und über jeden einzelnen Untertanen ableiteten.

Noch ehe ich mit meinen Gedanken zu Ende komme, verlangsamt der Steuermann die Fahrt und manövriert das Boot an die freie Seite eines Stegs im kleinen Hafen von Yumani auf der Sonneninsel, um es dort festzumachen.

Eine steinerne Treppe führt hinauf auf die Insel. Eukalyptusbäume spenden Schatten. Jeder Schritt fällt schwer. Zum dritten Mal auf dieser Reise gelangen wir in eine Höhe von 4.000 Meter.

Oben angekommen lassen wir uns abseits von allen anderen Besuchern auf einem Felsblock nieder. Noch nie waren wir der Sonne so nahe. Das tiefe Blau und die Weite des Sees, die weißen Spitzen der Kordilleren, die Stille ringsum, die sich entfaltende innere Ruhe und die Legenden die um diese Insel kreisen, strahlen eine magische Wirkung aus. Jetzt kann ich begreifen, weshalb die Inkas hier den Geburtsort der Sonne und des ersten Inkaherrschers sahen.

60

„Die Berge sehen für mich viel kleiner aus. Das sollen alles Fünftausender sein?" Fragende Augen sehen mich an.

„Die Höhe relativiert die Perspektive", versuche ich zu erklären.

„Und was heißt das?"

„Wir sitzen hier bereits auf viertausend Meter. Bis zu den Gipfeln sind es dann nur noch etwa tausend Meter."

Wir genießen die Schönheit und den Zauber dieses außergewöhnlichen Fleckchens unserer Erde, bis Lucia zum Aufbruch drängt.

Die Isla de la Luna, die Mondinsel, liegt nur wenige Minuten von der Sonneninsel entfernt. Wir halten für einen kurzen Rundgang und besuchen die Ruinen eines in den Berghang hinein gebauten Palastes, den die Sonnenjungfrauen bewohnten. Vom Platz vor den Sakralräumen überblicken wir die Terrassen, auf denen noch immer Mais angebaut wird. Zur Zeit der Inkas brauten auch hier die Auserwählten das Chicha für die Priester und die Noblen.

Ob die Tempel auf der Sonneninsel mit reichlich Gold und jene auf der Mondinsel mit Silber ausgekleidet waren? Nur die Schreiber der Konquistadoren hätten darüber in ihren Aufzeichnungen Aufschluss geben können. Doch sie taten dies nicht. Vielleicht haben aber auch Schatzsucher auf ihren Beutezügen ihren Reichtum auf den beiden Inseln mehren können.

Zum letzten Mal besteigen wir das Boot auf unserer Fahrt über den Titicacasee. Mit hoher Geschwindigkeit fahren wir an der Küste der Halbinsel von Copacabana entlang. Das Ostufer des Sees rückt stetig näher. „Wir befinden uns jetzt in der Straße von Tiquina", erklärt der Kapitän. „Der See dahinter wird die Lagune von Huinaimarca genannt. Dort werden wir in etwa zehn Minuten in Huatajata anlegen."

Schon oft kam ich auf meinen Reisen durch die Kontinente in Orte mit für mich nichts sagenden Namen, die zu einem besonderen Erlebnis wurden und auf Dauer im Gedächtnis blieben. Huatajata in Bolivien sollte ein solcher werden.

Kurz vor der Anlegestelle löst sich ein Boot aus dem Schilfgras am nahen Ufer. Ein Aymara, an seinem typischen Poncho und der Mütze mit Ohrenklappen zu erkennen, begrüßt die Ankommenden mit freundlichen Gesten. „Benjamin heißt uns willkommen." Anna macht auf ihn aufmerksam. „Er ist der Schamane des Städtchens."

Noch immer gehen die Menschen in den Anden zu ihren Heilern, Medizinmännern, Schamanen, hier Kallawayas genannt, wenn sie physische oder psychische Beschwerden verspüren. Sie verfügen über traditionelle, von Generation zu Generation und von Mund zu Mund vererbte Kenntnisse der Naturheilkunde, in die auch Animismus und Totemismus mit hineinspielen. Nicht nur Männer wie Benjamin, auch Frauen üben die Kunst des Heilens Kranker aus.

Der Zuspruch, den sie finden und ihre Wertschätzung im zwanzigsten Jahrhundert sind einfach zu erklären. Das Honorar, das Ärzte oder Chirurgen für ihre Leistungen verlangen, können sich die wenigsten Menschen leisten.

Benjamin führt uns durch sein Reich direkt neben dem Hotel, durch sein selbst gebautes und mit unvorstellbaren Dingen ausgerüstetes „Museum" und in seine „Praxis". Uralte medizinische Geräte der Inkas und anderer Völker hat er gesammelt: Messer, Schaber, Pinzetten, Meisel, Hammer und Skalpelle in allen Größen aus Metall oder Obsidian; Knochen mit behandelten Bruchstellen und geöffnete Schädel am Gehirn Erkrankter; ein Schädel ohne Decke als Trinkgefäß; Skelettteile und ein mumifiziertes Embryo; Flaschen, Gläser, Krüge, Töpfe und Beutel mit flüssigen oder festen Tinkturen, Mixturen und Salben; getrocknete Föten von Lamas, Fetische aus Federn eines Kondors und anderes mehr, was fremdartige Düfte verströmt.

Kunstvoll gewebte Stoffe und Decken schmücken eine Empore neben dem Kamin. Benjamin lässt sich auf dem Boden nieder und seine Gäste nehmen im Halbrund vor ihm Platz.

Er fragt, ob jemand sich ihm anvertrauen möchte. Anna hilft bei der Übersetzung. Einige verweisen auf die Beschwerden, die ihnen die Höhe verursacht.

Benjamin holt aus einem bunten Beutel ein Kokablatt hervor und erklärt, dass diese Pflanze Stoffe enthält, die von der modernen Medizin Alkaloide genannt werden, wie das Kokain. Auch Calcium, Proteine, Eisen und Vitamine gibt die Pflanze beim Kauen frei. Das alles sei für die im Hochland lebenden Menschen wichtig, da der Genuss

Energie spendet, die Erschöpfung mildert und die Kälte erträglicher werden lässt. „Die Blätter werden immer zusammen mit Kalk und etwas Asche gekaut." Zum ersten Mal hebt er sein Gesicht und ergänzt mit Nachdruck: „Die Mischung verhindert, dass die Menschen süchtig werde." Dann wendet er sich nochmals an die ganze Runde. „Sie sollten am Tag soviel Kokatee trinken wie möglich. Das ist die beste Medizin. Sie erhöht die Sauerstoffaufnahme des Blutes und lindert die Kopfschmerzen. Die Blätter verlieren durch das heiße Wasser ihre gefährliche Wirkung. Auch Sie werden nicht süchtig." Er wartet einen Augenblick auf Fragen, die jedoch nicht gestellt werden, und ergänzt: „Für uns Medizinmänner sind diese neuen Kenntnisse aber nicht von Bedeutung. Wir müssen nicht wissen, warum unsere Medizin heilt, sondern dass sie heilt und was sie heilt."

Der deutsche Chinese wagt sich nach vorne. Er sei schon älter. Worauf er achten sollte, will er wissen.

Benjamin greift wieder in den bunten Beutel, holt eine Hand voll Kokablätter heraus und streut sie auf seiner Decke aus. Er murmelt vor sich hin – Gebete, Formeln, Beschwörungen? – und hält, mit seinen Händen die Lage der Blätter deutend, leise Zwiesprache mit seinem Medium. Dieses kehrt zufriedenen Gesichtes auf seinen Platz zurück. Wir anderen lassen den beiden ihr Geheimnis.

Noch einmal wendet sich Benjamin an seine Gäste. Die Medizin würden sich die Kallawayas aus den nahen Bergen und den Regenwäldern jenseits der Anden holen, verrät er. „Wer nicht selbst sammelt, tauscht Fische des Sees bei den Bergbewohnern gegen Blätter, Wurzeln, Knollen, Rinde, Blüten und Früchte bestimmter Pflanzen, die alle ihre eigenen Naturheilkräfte haben" Geschnitten, zerrieben oder gestampft, kalt angerührt oder ausgekocht und vermischt erhalten die Schamanen daraus ihre Medizin, bei deren Herstellung auch Pilze, Insekten oder die Säfte von Tieren eine Rolle spielen.

Die Sonne geht gerade unter, als wir uns von Benjamin und seiner Welt der Heilung, des Zaubers und der Wahrsage verabschieden und hinüber in das nahe Hotel Inca Utama gehen. Sie versinkt weder blutrot noch gelb, sondern ohne großes Schauspiel fast farblos, wegen der extrem trockenen Luft und der fehlenden Aerosole, die sonst ihre Strahlen wie ein Prisma aufbrechen.

Eine Überraschung wartet beim Abendessen auf uns: Das Restaurant ist nicht beheizt. Fast eisig schleicht die Kälte am Tisch um die Beine. Wie beim Skilaufen lassen wir die gefütterten Jacken an. Fleißige Helfer tragen zwei Gasheizstrahler herein, für jeden Tisch einen, wie sie in unseren Breiten die Straßencafés im Frühjahr und Herbst benutzen. Wer in ihrer Nähe sitzt, wird von oben gegrillt, während die entfernter Sitzenden noch immer frieren. Überraschend gut schmeckt das am Spieß gegrillte Lama. Zur inneren Erwärmung bestelle ich eine Flasche Rotwein, was Lucia und Anna mit kritischen Blicken, aber ohne Kommentar, quittieren.

Die Nacht wird zum besonderen, für uns unvergesslichen Erlebnis. Elektrisch beheizte Bettdecken erhöhen den Komfort des sonst bescheidenen Hotels um mindestens einen Stern. Dem Einschlafen in genüsslich wohliger Wärme folgt Dank des kräftigen Roten ein lang andauernder Tiefschlaf, der die Phase der manchmal hämmernden nächtlichen Kopfschmerzen auf nur noch eine Stunde verkürzt.

Am Morgen schmücken Eisblumen die Fenster. Unser Atem schlug sich in bizarren Bildern nieder, wie ich sie aus meiner Kindheit und der Nachkriegszeit in Erinnerung habe, wo ein Kanonenofen ausreichen musste, um vier Zimmer zu beheizen.

Der erste Schluck Mineralwasser – noch auf der Bettkante – bringt Erlösung für die mangels Luftfeuchtigkeit völlig ausgetrockneten Schleimhäute des Rachens.

Noch eine Überraschung wartet auf uns vor dem Aufbruch. Anna und Lucia gehen voran zu einem Gehöft am Ufer des Titicacasees. Dort züchtet eine Aymara-Familie Lamas und Alpacas. Eine andere mit dem Namen Limachi baut nebenan Schilfboote.

Senor Limachi stellt seine kleine „Werft" vor. Zuerst führt er uns zu einem großen Stapel aus Schilf, dem wichtigsten Rohmaterial.

„Das Totora-Schilf wächst in großen Mengen in den sumpfigen Stellen des Sees. Es ist preiswert und bleibt nach der Verarbeitung ein Jahr lang sehr schwimmfähig."

64

Grabturm von Sillustani

Kathedrale von Puno

Titicacasee

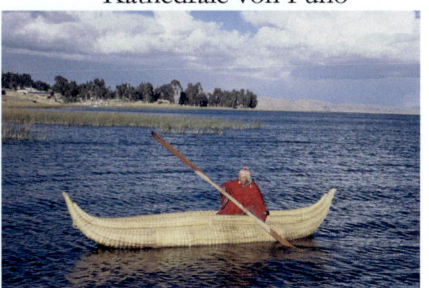
Aymara im Schilfboot

Benjamin sucht die Wahrheit

Senor Limachi Jr

Nachbildung der Ra II

Aymara mit Lama

Einige Boote, wie wir sie mehrfach auf dem See ausmachen konnten, liegen halbfertig nebeneinander.

„Sie haben bestimmt schon einmal von Thor Heyerdahl gehört. Er überquerte 1970 erfolgreich den Atlantik mit einem Segelboot, das er Ra II nannte. Dieses Boot wurde von meinem Vater aus Schilf des Titicacasees gebaut", ergänzt er stolz. „Kommen Sie mit, ich zeige Ihnen eine Nachbildung der Ra II, an der wir gerade arbeiten."

„Darf ich mir das Boot ansehen?", fragt Irene beherzt.

Das entlockt Senor Limachi ein deutlich vernehmbares „Si" und er besteigt mit ihr über eine Leiter die Ra für eine kurze Privatführung. Das zum Test gesetzte weiße Großsegel wurde mit einem roten Kreis bemalt – der Sonne des Titicacasees und zugleich dem Symbol des ägyptischen Sonnengottes, denn Thor Heyerdahl ließ damals sein Schiff nach Zeichnungen aus der Zeit der Pharaonen fertigen.

Die anderen, ich unter ihnen, spähen inzwischen über eine Steinmauer auf die kleinwüchsigen Kamele Südamerikas. Der Züchter kommt uns mit einem der Tiere, seinen Arm um dessen Hals, entgegen. Anna übersetzt die Frage, worin denn der Unterschied zwischen Lamas und Alpakas bestehe?

„Das ist ein Lama. Wir züchten Lamas als Lasttiere und für die Fleischgewinnung."

Er geht zu einem zweiten Tier, das sich in eine Ecke der Mauer drängte. „Das ist ein Alpaka. Es liefert uns Wolle für unsere Kleidung. Sehen Sie, die Alpakas haben meist dunkleres längeres Fell am Hals und auch im Gesicht."

„Und was ist ein Vikunja?", will einer wissen.

„Vikunjas liefern die feinste und teuerste Wolle. Ihr Fell ist noch dunkler. Sie werden hoch oben in den Bergen gezüchtet."

Nach Guanakos, der vierten Art, fragt keiner. Wir haben sie in der Pampa im Süden Argentiniens kennen gelernt. Sie leben meist wild und sind größer als die anderen drei Arten.

Beeindruckt von einem außergewöhnlichen Platz dieser Welt, an dem Benjamin als Heiler und ein bisschen als Lehrer wirkt und an dem Schiffe aus Schilf gebaut werden, mit denen Ozeane überwunden wurden, wenden wir uns dem Bus zu.

66

La Paz – Das Einst und das Jetzt

Vor dem Einsteigen werfe ich einen kurzen Blick auf die Landkarte. Wir sollten links im Bus sitzen, was sich als richtig erweist. Für zwei Stunden können wir uns am Panorama der Cordillera Real ergötzen – Aricohuma, Huayna Potosi und Chacaltaya heißen die hohen Berge, natürlich verschneit und von Wölkchen gekrönt. Doch sie sind nichts im Vergleich mit dem Nevado Illimani, der 6.450 m hohen Schönheit der bolivianischen Anden. Würde ein Maler einen Gipfel der Anden sich ausdenken müssen, er würde den Illimani neu erfinden.

Wir halten in El Alto, steigen aus und greifen zu den Kameras, um das Wahrzeichen der Bewohner von La Paz einzufangen: unter uns das Häusermeer der Stadt, vor uns weidende Esel an der verdörrten Böschung und über allem die Schneegipfel des weißen Giganten.

Die von Peru kommende Hauptstraße führt nicht nach La Paz hinein, sie führt in die „heimliche Hauptstadt" Boliviens tief in das Tal des Río Choqueyapu hinunter. Die Regierung und das Parlament haben hier ihren Sitz. Trotzdem wird Sucre mit der Residenz des Staatspräsidenten als offizielle Hauptstadt des Landes bezeichnet.

In der Avenida Santa Cruz, der wichtigsten Verkehrsachse der Innenstadt, die an unserem Hotel vorbeiführt, herrscht das alltägliche Verkehrschaos, das am heutigen Vormittag durch eine Demonstration zum absoluten „Nichts geht mehr" gesteigert wird. Der Fahrer des Busses sucht deshalb einen Schleichweg durch die reizvollen engen Gassen der kolonialen Altstadt – für uns, die von Neugier besessenen Erstbesucher, eine vermeintlich glückliche Alternative, die sich zum Horrortrip entwickeln sollte.

In der Calle Jaen, gerade so breit, dass der Bus hindurch kommt, ruft Anna mit großer Geste: „Hier sehen Sie das Museo Oro, das Goldmuseum". Pizarro wird sich mehrfach im Grab gedreht haben, da seine Schergen, zum Glück für die Nachwelt, eine erhebliche Anzahl wertvoller Kunstschätze aus Gold, Silber und Edelsteinen übersehen haben, die nicht eingeschmolzen wurden.

Die alten Häuser aus den Anfängen des spanischen Vizekönigreichs blicken traurig in die Neuzeit. Der barocke Verputz ringsum die Fenster einiger Häuser blättert ab wie die Schminke eines Clowns nach einem verregneten Auftritt. Andere Stadtpalais wurden herausgeputzt wie die Jungfrau zur Brautschau. Eines ziert ein Messingschild mit dem Hinweis, dass hier ein Notar residiert, ein Mann der Oberklasse.

An der ersten Kreuzung endet das Schritttempo der Wagenkolonne. Sie kommt endgültig zum Stillstand. Einige schüchterne Hupversuche verhallen ergebnislos.

Das Warten bringt den Fahrer des Busses nicht aus der Ruhe. Nur uns macht es nervös, eingeklemmt zu sein zwischen anderen Fahrzeugen und untätig herumzusitzen, verlieren wir doch kostbare, da bezahlte, Zeit – meinen wir. Für die Menschen rechts und links auf den Gehwegen spielt das alles weniger eine Rolle. Wer arm ist, hat ohnehin viel Zeit und wer hier zu Fuß unterwegs ist, gehört zu den von der Fülle des Lebens weniger Gesegneten. Sie gehen gemächlichen Schrittes, bleiben versonnen stehen, ohne erkennen zu geben, ob sie gerade an etwas denken oder nicht. Teilnahmslos sitzen Indiofrauen neben Wasserflaschen, die sie zum Kauf anbieten, oder bei ihren selbst gemachten wollenen Utensilien, die bereits von der Patina des Straßenstaubs überzogen sind.

Bolivien blieb als ärmstes Land Lateinamerikas weit hinter Mexiko, Brasilien und Chile zurück, die einen wirtschaftlichen Aufschwung vollziehen konnten, der hier nicht ankam. Schon immer hinterließ ein starkes Gefälle von Arm und Reich eine tiefe Kluft in der Bevölkerung. Anfangs war das Hochland im Westen mit dem urbanen Gebiet von La Paz mit höherem Wohlstand gesegnet als das Tiefland jenseits der Anden. Die Erschließung der Öl- und Gasquellen im Osten und die Modernisierung einer großflächigen Landwirtschaft drehten die Lage um. Das Hochland mit seinem überdurchschnittlichen indigenen Bevölkerungsanteil, den längst versiegten Silbervorkommen und dem im Krieg gegen Chile verlorenen Zugang zum Pazifik behielt das Nachsehen.

Demonstrationen und Unruhen gehören zur Tagesordnung im Lande. Arbeitslose, Unterbezahlte, unzufriedene Studenten, an den Rand der Gesellschaft gedrückte Indios und politisch Radikale machen auf sich und ihre Interessen aufmerksam. So auch jetzt direkt vor und neben uns. Ein Gruppe Jugendlicher zieht von der Seite kommend mit Transparenten vorbei. Eine zweite überholt uns, wirft Feuerwerkskörper. Der Bus setzt sich mit den anderen Fahrzeugen in Bewegung, rollt langsam über die Kreuzung und die nächste und bleibt an der Einfahrt zur Plaza Murillo, dem Hauptplatz der Altstadt, erneut stecken. Ein total verbeulter, uralter VW-Bus zwängt sich auf dem Gehsteig der Calle Ingavi in Richtung des Platzes. Die Insassen schreien wie wild gestikulierend Parolen aus den offenen Fenstern. Einer verstärkt seine Sprüche mit einem Megafon, ein anderer schießt mit einer Pistole in die Luft, ein dritter wirft einen Molotowcocktail in Richtung eines Polizeiautos. Das bringt das Fass zum Überlaufen. Ein Wagen des Sicherheitsdienstes wird vor dem Parlamentsgebäude quergestellt, der VW der Randalierer gestoppt. Schlagstöcke werden geschwungen, bis Ruhe einkehrt.

Die letzten Meter bis zum Hotel legt der Bus ohne Probleme zurück. Wir beziehen unser Zimmer in der fünfzehnten Etage. Wie aus einem Adlerhorst blicken wir hinüber auf die ehrwürdige Basilika San Francisco und die Straßen mit den Märkten am Hang dahinter, auf denen sich die Menschen drängen.

Die Demonstranten haben sich verzogen. Gemeinsam mit den anderen brechen wir zu einem Rundgang auf, steigen die Calle Yanacocha hinauf zur Calle Comercio, über die wir, kurzatmig geworden, zur belebten Plaza Murillo gelangen. Nichts erinnert mehr an die Randale von vorhin. Die Polizei zog sich dezent zurück. Gestreuter Sand bedeckt den Brandfleck des Molotowcocktails. Spaziergänger flanieren zwischen Blumenbeeten und Tauben. Kinder spielen am Denkmal. Zeitungsleser und Ruhesuchende bevölkern die Bänke; im Schatten oder in der Sonne. Männer stehen plaudernd und auch rauchend in Grüppchen zusammen. Wir, mitten unter all den Menschen, drehen uns im Kreis und bestaunen die schmucken Fassaden des Parlaments, des Regierungsgebäudes, der Präfektur, des Theaters, der Kathedrale und des alten Grand Hotel Paris.

Den Abend verbringen wir im La Bella Vista, dem Dachrestaurant des Hotels – bei angeregter Unterhaltung und reichlich Matetee.

Trotz der Vorsorge verläuft auch diese Nacht wieder nicht ganz ohne Probleme. Irene leidet zunehmend mehr als ich. Rachen und Nasenschleimhäute trocknen aus und brennen unangenehm. Häufig wachen wir auf. Ein Schluck Wasser hilft nur kurzzeitig.

Tagsüber fühlen wir uns jedoch fit. Nach nunmehr sechs Tagen Aufenthalt im Hochland passt sich der Körper an die Lage an.

Über die Serpentinenstraße fahren wir aus dem Canyon am Morgen wieder hinauf auf das 4.100 m hoch gelegene Plateau von El Alto, der ehemaligen Vorstadt, die inzwischen mehr Einwohner zählt als La Paz, sonst aber einen staubigen und langweiligen Eindruckt macht. Hier lag in der Kolonialzeit der Schnittpunkt wichtiger Verkehrswege, als Silber von Potosí zum Hafen von Callao gebracht wurde und Koka aus den Wäldern jenseits der Anden und Salz von den Salinen von Uyuni ihren Weg in die wachsende Stadt suchten.

Flaches Land dehnt sich dahinter aus. Während der Fahrt lernen wir die Feinheiten der Sprache der Aymaras kennen: Tiwanacu heißt ein Fluss, Tiawanacu eine Ortschaft an dessen Ufer und Tiahuanaco eine weitläufige Kultstätte in unmittelbarer Nähe, die wir nach eineinhalb Stunden erreichen.

Jahrhunderte bevor die Inkas die Welt der Anden beherrschten, entwickelten bereits andere Volksgruppen Kulturen mit teils spektakulären Hinterlassenschaften. Die Scharrbilder von Nasca sahen wir beim Anflug auf Lima aus luftiger Höhe, die Stufenpyramide der Hualla in der Hauptstadt Perus am Tag darauf. Chavín, Chimú, Moche und Wari sind die Bezeichnungen weiterer Kulturen, die ihre Spuren mehr im Norden des Andenvorlands hinterließen.

Als die Inkas ihr Reich von Cusco aus in den Süden über den Titicacasee hinaus ausdehnten, waren die Kultstätten von Tiahuanaco bereits verwaist. Das Warum bleibt ebenso ein Rätsel der Geschichte wie die Bedeutung der einzelnen Anlagen. Was gehörte zu Tempeln, was zu Palästen?

Kanäle dienten der Bewässerung. War die freigelegte Mauer tatsächlich eine Kaimauer, wie von einigen behauptet wird? Der Río Tiwanacu scheint aus dem Nichts zu kommen und im Nichts zu versiegen.

Möglicherweise existierte einmal ein Kanal, der eine Verbindung zum Titicacasee herstellte, damit Fische als Nahrung herangeschafft werden konnten. Aber auch das bleibt Vermutung.

Die ältesten Funde werden auf 300 v. Chr. datiert, die Blütezeit auf 600 bis 900 n. Chr.

Außer Zweifel steht, dass die Baumeister von Tiahuanaco einen hohen Stand der Technik erreichten und die bildende Kunst jener der Inkas überlegen war. Fein herausgearbeitete Reliefs, Büsten und Skulpturen zeugen von großer künstlerischer Begabung und recht-eckig geschlagene, plan geschliffene Bodenplatten und Quadersteine für die Bauwerke von meisterlicher Architektur.

Lucia führt uns direkt zum monumentalen Sonnentor, der Haupt-attraktion der Anlage. Es bringt den Besuch des Viracocha-Tempels in Raqchi in Erinnerung.

Die Figur im Türsturz bildet den Schöpfergott ab. Er hält in jeder Hand zwei Schlangenstäbe, in der linken mit Kondorköpfen und in der rechten einen mit dem Kopf eines Kondors und einen mit dem Kopf eines Pumas. Den Götterkopf umgibt ein Strahlenkranz. Dieser symbolisiert offensichtlich die Sonne, Inti, den Sohn Viracochas.

Ein spektakulärer Blick erschließt sich uns von einem halb in die Erde gebauten Raum, dessen Innenwände mit plastischen Köpfen geschmückt wurden. Darüber und dahinter führen Treppen und ein Tor in den Hof einer Tempelanlage. Dort stehen zwei rätselhafte, aus Monolithen geschlagene, übermannsgroße Statuen.

Stellten sie Priester dar oder Herrscher? Was halten sie in ihren Händen? Ritualstäbe oder Kultbecher? Stehen die Abgebildeten in Pose oder verrichten sie geheimnisvolle Zeremonien?

Monumentalstatuen schufen die Inkas und die Andenvölker vor ihnen nicht. Parallelen, wenn es diese überhaupt gibt, finden sich nur bei den Polynesiern, auf den Markesas, auf Tahiti und Raivavae und den Osterinseln.

Thor Heyerdahl vertrat die These, die polynesischen Inseln würden von Südamerika aus besiedelt worden sein. Mit seinem Floß Kon Tiki gelang ihm – getrieben vom Humboldtstrom und den Passatwinden – das Experiment. Mehr jedoch sprechen die wissenschaftlichen Funde für eine Besiedlung Polynesiens vom Westen her. Das schließt nicht aus, dass die Polynesier Kontakte mit den Indios an der Küste Südamerikas hatten. Wie ähneln sich doch die monumentalen Gesichter der Moais auf der Osterinsel mit ihren großen, langen Nasen und dem scharfen runden Kinn und die in menschlicher Gestalt aus Lehm und Stroh gearbeiteten Sarkophage der Chachapoyas, der so genannten Wolkenmenschen, im Norden Perus!?

Moais der Osterinsel Sarkophage bei Karajia

Und wie stark gleichen sich die Gesichter der Götterdarstellungen des Makemake auf der fernen Insel im Pazifik mit den Köpfen an den Wänden des in die Erde gegrabenen Tempels in Tiahuanaco und auch den rätselhaften Figuren in San Augustin in Kolumbien!?

Tiahuanaco          Osterinsel          Osterinsel          Kolumbien

Die wichtigste Nahrung der Osterinsel, eine Süßkartoffel, nennen ihre Bewohner Kumara. Sie stammt aus Südamerika, wie Botaniker bewiesen, und wird auch dort Kumara genannt. Und noch ein Rätsel: Das Schilf, das die Osterinsulaner im Kratersee anpflanzten ist das gleiche Toraschilf, wie es an den Ufern des Titicacasees wächst. Wie kam dieses Schilf auf die einsame Pazifikinsel?

72

Eine letzte Parallele ist erwähnenswert. Die Inkas benutzten für ihre mengenmäßigen Aufzeichnungen Knotenschnüre, die sie Quipos nannten. Diese Art des Zählens kannten auch die Polynesier auf den Marquesas, die mit ihren Schnüren sogar kurze Liedtexte und Legenden festhielten.

Archäologen beschäftigen sich noch immer mit der Klärung der vielen Rätsel. Sie graben am Rande einer Mauer in einem abgesteckten Bezirk. Ein paar Tonscherben liegen nummeriert auf einem Tisch. Eine mühsame Arbeit in einem riesigen Feld.

Ein Hügel daneben verbirgt eine Pyramide. Nur eine der Ecken wurde bisher freigelegt. Mit etwas Phantasie zähle ich sieben Stufen. Die obersten drei mögen das Weltbild – Götterwelt, Erde, Unterwelt – symbolisieren, die unteren vier die Himmelsrichtungen. Auch dies bleibt ein Rätsel jener Menschen, deren Kultur fast spurlos unterging.

Auf der Rückfahrt nach La Paz steuert Lucia den Bus so, dass wir in einer der Straßen weit oberhalb der Kirche San Francisco am Hang aussteigen können.

„Ich will Ihnen das Steigen auf den steilen Straßen beim letzten Rundgang in dieser Stadt ersparen. Bergab läuft es sich doch leichter", meint sie gönnerhaft.

Bolivianische Frauen in bunten Kleidern beherrschen die Märkte, die sich mitten auf den Straßen abspielen. Stumm blickend sitzen sie vor ihren Waren, die sie auf niedrigen Klappständern, auf Decken oder auf Plastikbahnen auf dem Boden ausbreiten. Gemüse, Kräuter und Obst bilden eine farbenfrohe Palette. Ein paar Meter weiter wird Kleidung verkauft: Ponchos, Röcke, Pullover, Decken – gestapelt oder an Ständern gehängt.

Fast makaber wirkt das Angebot in der nächsten Straße. Alles was den geheimnisvollen Zauber der Wahrsagerinnen und Schamanen ausmacht, wird dort verkauft: Fläschchen mit farbigen Tinkturen, magische Steine mit bunten Schlieren, Fetische und Lamaföten. Ob Benjamin hier einkaufte? Die getrockneten Föten sollen, eingemauert in den Fundamenten neuer Häuser, den Bewohnern Glück bringen.

La Paz

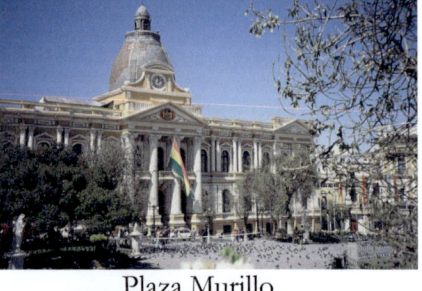
Plaza Murillo

Gemüse und Kurioses auf dem Markt

Statue in Tiahuanaco

Sonnentor

Tempelanlage

Den letzten Abend verbringen wir auf eigene Faust in einer Pena, einem Restaurant, in dem Musik geboten wird. Das von der Rezeption empfohlene Naira finden wir ganz in der Nähe des Hotels direkt neben der Kirche San Francisco in der Calle Sagánaga.

Die Musiker spielen auf Rohrflöten, den Quenas, auf langen Holzpfeifen mit tiefen Tönen und auf den Sikus, den ein- oder zweireihigen Panflöten. Den Rhythmus schlagen sie mit Rasseln und auf der Charango, einem Zupfinstrument aus dem Panzer eines Gürteltiers.

Ihre Lieder klingen oft wehmütig und klagend. Sie spiegeln die Einsamkeit und Härte des Lebens der Campesinos, der Landbevölkerung im rauen Klima des Altiplano.

Nur manchmal kommt Fröhlichkeit auf, wenn die beiden Mädchen der Gruppe eine Zarzuela vortragen, ein Musiktheater mit gesprochenen Texten und Volksliedern, zu denen sie auch tanzen.

Mit dem bekannten Lied der Anden beschließen sie ihren Auftritt, mit „El Cóndor pasa", das auf einem peruanischen Volkslied beruht: Soy la paloma que el nido perdió – Ich bin die Taube, die das Nest verloren hat.

Nach langem Suchen finde ich einige Übersetzungen, deren Texte folgende Variation ergeben:

> Oh erhabener Kondor der Anden,
> der du auf mich nieder schaust,
> bring mich zurück in mein geliebtes Land,
> heim zu meinen Inkabrüdern in den kalten Bergen.
> Ich will zurück, oh Kondor.
> Erwarte mich in Cusco, auf dem Hauptplatz,
> lass uns umherstreifen in Machu Picchu und Huayna Picchu.

Im Jahr 2004 wurde das Lied zum peruanischen Kulturerbe erklärt, zum „Patrimonio cultural de la Nación.

Stadt der Leidenschaft – Buenos Aires

Früh am Morgen fahren wir zum letzten Mal hinauf nach El Alto, zum Flughafen, dem höchstgelegenen Zivilflughafen der Welt, auf eine Höhenlage über 4.000 m, die uns eine Woche lang so viel zu schaffen machte und die das ganze Können der Piloten fordert. Bei dünner Luft gelingen Start und Landung nur bei wesentlich höheren Geschwindigkeiten, was eine feinfühlige Steuerung der Maschinen verlangt. Routine muss hier mit absoluter Konzentration gepaart sein.

Ein Zwischenaufenthalt in Santa Cruz verführt zum Shopping, zu einem persönlichen Beitrag zur Entwicklungshilfe durch den Kauf eines Pullovers und eines Schals. Ersterer entpuppt sich beim Gebrauch als zweitklassige Mischung aus Wolle mit Synthetik, die zur unansehnlichen Knötchenbildung neigen sollte. Das Etikett des Schals dagegen hält, was die Angabe 100 % Baby-Alpaka verspricht – höchste Wohlfühlwärme ohne Abnutzungserscheinungen.

Beim Weiterflug gleiten wir über eine schier endlose grüne Ebene, in der Wälder, Sümpfe, Weideland und Landwirtschaft einander abwechseln. Nach zwei Stunden beginnt der Pilot den Anflug auf die Metropole Argentiniens, auf Buenos Aires. Der Río Paraná und der Río Uruguay fließen unter uns zusammen und ergießen sich als gelbbraune Brühe in den Atlantischen Ozean. Silber vermuteten die ersten Spanier in den Küstengebieten, weshalb sie dem Mündungsdelta den hoffnungsvollen Namen Río de la Plata gaben, Fluss des Silbers, und die neue Kolonie Argentinien nannten, Silberland. Doch weit gefehlt. Woher die dort lebenden Indios das Silber für ihren Schmuck nahmen, blieb ihr Geheimnis. Die spanischen Eroberer fanden keines.

Nichts wird in den nächsten Tagen mehr so sein wie in den vorangegangenen. In Peru und Bolivien konnten wir neben dem kolonialen Erbe und den Schätzen der Inkas die traditionelle Lebensweise der Quecha und Aymara sprechenden Indios beobachten. Wir erfuhren auch, dass – vom Katholizismus geprägt – neben der Jungfrau Maria noch immer Pacha Mama verehrt wird, die indianische Mutter Erde.

Auf unseren Reisen vor einigen Jahren in den Süden Argentiniens und Chiles – nach Patagonien, Feuerland und in die zerklüftete Fjordlandschaft beim Kap Hoorn – hatten wir Begegnungen mit den dort noch lebenden wenigen Ureinwohnern, den Yamahas und Mapuches. Auch diese indigenen Volksgruppen konnten großteils ihre Sprache und – wenn auch spärliche – Kultur in die heutige, die neue Zeit hinüberretten. Bauwerke hinterließen sie allerdings nicht.

Das übrige Argentinien und Chile, Brasilien und Uruguay zeigen sich der Welt ganz anders: mit überwiegend europäischstämmiger Bevölkerung und mit weltstädtischen Metropolen, die fünf, zehn und mehr Millionen Menschen bewohnen.

Argentinien wird als Präsidiale Republik nach außen hin von einem Präsidenten und einem Kongress regiert. Die Oligarchen bestimmen jedoch seit eh und je die Politik. Viel Land in den Händen weniger, aber mächtiger Provinzfürsten und ebenso großer Einfluss weniger, genauso mächtiger Portenos, jener Bewohner Buenos Aires, die über den Hafen und die Ausfuhr als auch die Einfuhr und damit den Handel Argentiniens bestimmen.

War es richtig, mit dem Ursprünglichen zu beginnen, mit einem Rundgang vom Viertel San Telmo zum Centro?

Die Klischees holen uns ein, bevor wir überhaupt richtig angekommen sind. Tango auf offener Straße, nichts als Tango, als wenn die Stadt aus nichts anderem bestünde!

In der Calle Defensa drängen sich jene, die bereits am Vormittag Zeit haben, und auch am Nachmittag noch, und erst recht am Abend, die von früh bis spät nichts anderes im Sinn haben, als sich in gekonnten Schritten und Figuren im Rhythmus einer Musik zu bewegen, die mit dem Tanz zusammen Tango genannt wird – Argentinischer Tango, um genau zu sein.

Meine Armbanduhr löst das Verwirrspiel. Sie zeigt Sonntag an. Kein Wunder, dass so viele Menschen so viel Zeit haben.

Solisten, Duos, Trios musizieren. An anderen Stellen quaken von Kofferradios gefütterte Lautsprecher, nie so mitreißend wie originale Musik. Und immer finden Paare zusammen, die sich schon kennen oder gerade kennen lernen, die sich persönlich gar nicht näher kennen lernen wollen, sondern nur einen Partner suchen, um sich ihrer besonderen Leidenschaft hinzugeben. Ja, Leidenschaft. Die Tangotänzer haben sie und brauchen sie, wenn sie sich mit Schwung, mit Kraft, mal zärtlich sinnlich, mal feurig rhythmisch, mal traurig melancholisch, selten schäbig, fast immer elegant drehen und wiegen und in sprechenden Posen verharren.

George Bernhard Shaw wird der Satz zugeschrieben: „Der Tango ist der vertikale Ausdruck eines horizontalen Verlangens." Das klingt süffisant und zugleich erheiternd. Vielleicht war ihm beim Zusehen und Texten selbst nach Stimulans und erotischem Abenteuer zumute. Doch Tango scheint, zumindest für die Argentinier und speziell die Portenos, mehr zu sein und auszudrücken. In ihm spiegelt sich eine ganze südamerikanische Nation.

Auf der Calle Defensa, was so gar nicht zum Geschehen passend Straße der Verteidigung heißt, flanieren die Menschen dicht gedrängt, ein paar Touristen darunter, sonst jüngere und ältere Semester, die in San Telmo wohnen oder hierher aus Lebensfreude kommen, um zu sehen, was sich gerade tut, einen Café Solo zu trinken, beim Tango zuzusehen oder selbst zu tanzen, auf der Suche nach einem Schnäppchen die vielen kleinen Geschäfte zu durchstöbern oder einfach nur auf und ab zu wandern und die Zeit totzuschlagen. Musik schwängert die Luft darüber mit wechselnden Melodien, die vom Bandoneon getragen werden, dem mit dem Tango unzertrennlich verbundenen Instrument.

„Dort vorne läuft er." Irene deutet über die Köpfe zweier entgegenkommender Frauen hinweg.

„Wer?"

„Die Schmalzlocke vom Flughafen in Sao Paulo. Erinnerst du dich nicht mehr?"

Sein Auftritt war so auffällig, dass ich ihn nach so kurzer Zeit nicht vergessen konnte. Schnellen Schrittes überquert er die Straße, dieses Mal ohne Mantel, aber wieder im roten Seidenhemd mit übergroßem Kragen, und verschwindet im offen stehenden Hausflur neben dem Antiquitätengeschäft. Was für eine zufällige Begegnung.

Gürtel mit Silbernägeln dominieren die Mode. Frauen belagern ein Geschäft, das nur Gürtel anbietet, draußen auf Drehständern, drinnen auf schwenkbaren Bügeln. In Streifen geschnittene Rinder, Ziegen, Schweine, Pfauen, Krokodile, vielleicht auch Lamas, unterschiedlich in Design und Farbe, warten darauf, um Hosen halten und Bäuche als auch Hüften zieren zu dürfen.

Einige der Einheimischen, mehr die älteren zum Tango aufgelegten, tragen Accessoires, die an alte Filme erinnern: zweireihige Anzüge die Männer, auch breit gestreifte, Krawatten oder die auch Querbinder genannten Fliegen, schwarze Lackschuhe, Hüte, und die Frauen Pumps und Kleider, die knapp über dem Knie enden, enge mit seitlichem Schlitz oder weite, die bei Drehungen im Tanz hochfliegen und ein Strumpfband sichtbar werden lassen. Schwarz und weiß gefallen, aber auch kräftige Farben. Auffällig große Schmuck- und Siegelringe glänzen an den Fingern.

Andere, die meisten, nicht nur jüngere, ziehen den lässigen Gegenwartslook vor. Fast alle lieben Zigaretten und Zigarren. Rauchverbot? Ein Fremdwort.

Ein Buchantiquariat, ein Trödelladen, eine Weinhandlung, ein Geschäft mit alten Lampen, ein anderes mit Bildern, Boutiquen, ein Zeitungsladen, kleine Bars, Cafés, Restaurants und kleinere Tangorías wechseln miteinander ab.

Viele der älteren Häuser wurden liebevoll restauriert. Wir stolpern über das Kopfsteinpflaster der Defensa und bleiben verdutzt vor einem Spezialgeschäft für Liebhaber des Matetees stehen. Originell geformte Becher aus Glas oder Metall mit Einlagen aus Silber und auch Gold stehen reihenweise im Schaufenster und den Regalen des Ladens, auch solche aus Kürbisschalen gefertigte oder Porzellan gebrannte. Mate aus den Blättern einer Stechpalme galt schon zu Zeiten der Indios als Durstlöscher. Er wird auch von den Argentiniern gern getrunken, nicht direkt aus diesen eigenartigen Gefäßen, sondern mit einem Trinkrohr, das auch aus Silber sein kann.

Auf der Plaza Dorego locken Marktstände mit neuen, alten und gebrauchten Sachen, auch mit Schmuck. Irenes Augen erspähen das leuchtende Blau bereits von weitem. Aquamarine zieren alte, silberne Manschettenknöpfe mit kaum sichtbaren Tragespuren. Sie kann nicht widerstehen, hält sie sich entzückt an die Stulpen ihrer weißen Bluse. Ich schenke sie ihr.

Ein paar Querstraßen weiter kehrt Normalität ein. Gemüsehändler, Bäcker, Fleischer und Gemischtwarenläden halten am Sonntag ihre eisernen Rollläden geschlossen. Nur die Straßencafés quellen über. Großbetrieb herrscht vor den beiden Basiliken Santo Domingo und San Francisco, als würde das junge Buenos Aires auf einmal heiraten wollen. Die Hochzeitspaare stehen Schlange, umringt von heiter wie auch stumpfsinnig dreinschauenden Verwandten, Bekannten und Freunden.

Einige Schritte weiter erreichen wir die Plaza de Mayo, das alte Herz der Hauptstadt im Centro. Monserrat nennt der Stadtplan das Viertel.

Ein großes Polizeiaufgebot regelt den Strom der Fußgänger und Autos. Uns wird der Weg zum Präsidentenpalast versperrt. Auf der Grünanlage drängen sich Demonstranten. Schreiend und Fahnen schwenkend versuchen sie die Kette der Polizisten zu durchbrechen. Megafone verstärken die Parolen, die jene nicht hören, denen sie gelten, da sie gar nicht anwesend sind. Zettel werden verteilt, auf denen geschrieben steht, wofür oder wogegen die Teilnehmer der Kundgebung sich aussprechen. Demonstrieren, auch eine Leidenschaft der Bewohner von Buenos Aires.

Die Casa Rosada können wir nur aus einiger Entfernung betrachten, jenen bonbonrosa Palast, der mich an das Mädchen mit dem Barbiepuppen-T-Shirt in Pisac erinnert. Der Präsident residiert hier.

Am anderen Ende des Platzes leuchtet der Cabildo in weiß, heute Museum, ehemals Sitz des Vizekönigs von Río de la Plata, wie das Land hieß, bevor es den Namen Argentinien bekam.

Mehrere Limousinen fahren vor. Die Insassen, ein Brautpaar unter ihnen, streben der Catedral Metropolitana zu, der Hauptkirche der Stadt. So schnell sie gekommen war, so schnell verschwindet die Gesellschaft im Portal der Frontpartie mit den mächtigen Säulen und dem mit Reliefs geschmückten Tympanon, das jenem der Kirche La Madeleine gleicht. Paris lässt grüßen.

Beim Bau des Kongressgebäudes, an dem wir einige Zeit später vorbeikommen, nahmen die Architekten Anleihen im englisch sprechenden Raum: Auf eine dem Capitol in Washington ähnliche Fassade setzten sie alles überragend die Kuppel der St. Pauls Cathedral von London. Was für eine aparte Mischung.

Als Zeitzeuge des in dieser Stadt gemachten großen Geldes übertrifft das Teatro Colón an klassischer Schönheit alle anderen Gebäude der argentinischen Gründerjahre. Zur Eröffnung wurde die Oper Aida von Giuseppe Verdi aufgeführt – ein dramatisches Singspiel, das von der tragischen Liebe eines Heerführers des Pharaos von Ägypten zu einer entführten nubischen Prinzessin handelt und so gar nicht zu den Pampas Argentiniens passt.

Gegensätze kennzeichnen diese Stadt – Kleinbürgerlicher Alltag und koloniale Pracht stehen weltstädtischer Modernität gegenüber, elegante Straßenzüge wechseln mit verarmten und verdreckten.

Und ihre Bewohner? Konservativ, nostalgisch traditionell aber auch altmodisch geben sich die einen, versnobt und wie Pfauen herausgeputzt die anderen und wieder andere leger bis lässig ungepflegt.

Wie wir sehen konnten, lieben sie die politische Auseinandersetzung in der Öffentlichkeit mit lautstarken und leidenschaftlich geführten Diskussionen. An Hauswänden und Bäumen befestigen sie Plakate mit ihren Appellen. Demonstrationen gehören zur Tagesordnung. Jene auf der Plaza de Mayo soll nicht die letzte gewesen sein, die uns den Weg auf unseren Rundgängen versperrt.

Das Hotel Americas Tower in der Libertad, unser Hotel, strahlt moderne Eleganz aus. Über die Avenida Santa Fe und hinweg über die Avenida 9 de Julio gehen wir zur Plaza General San Martín mit dessen Monument. Wir begegneten dem Befreier Argentiniens und Perus schon einmal in Lima. Er wird immer noch hoch verehrt, brachte er doch beiden Ländern die Unabhängigkeit. Begraben wurde der Held in der Catedral Metropolitana.

Nach Süden zweigt die Calle Florida ab, die Fußgängerzone mit verlockenden Geschäften, in denen mit einer gültigen und ausreichend gedeckten Kreditkarte alles erstanden werden kann, was die Luxusmarken zu bieten haben.

Auch Einheimisches findet sich darunter. Leather Centre, Leather Company, Leather Factory, Leather Goods – nirgendwo auf dieser

Welt konkurrieren derart viele Geschäfte mit Lederartikeln. Die auf den argentinischen Pampas gezüchteten Rinder liefern das Fleisch, das tagtäglich mittags und abends in riesigen Portionen auf den Tellern landet, und das Leder, das trotz des reichen Angebotes teuer vermarktet wird.

In der querenden Lavalle, ebenfalls den Fußgängern vorbehalten, ändert sich das Bild drastisch. Statt exquisiter Boutiquen werben hier die Kinos für ihre flimmernden Programme. Einfachste Restaurants offerieren preiswerte Steaks und Spielsalons halten ihre Tore jenen offen, die ihr Kleingeld mit anhaltender Begeisterung in die Schlitze bunt flackernder Automaten werfen und nicht begreifen wollen, dass von seltenen Ausschüttungen abgesehen immer nur der Staat und die Betreiber der Etablissements gewinnen.

Wir gehen bis zur Calle Suipache. Dort suche ich gezielt nach einer Milonga mit dem Namen La Confiteria Ideal und finde sie. Hier ist die Tangoszene lebendig, nicht auf der Straße, sondern im holzvertäfelten Obergeschoß über dem Süßwarengeschäft. Mit inniger Leidenschaft tanzt ein eher älteres Publikum unter goldenen Lüstern, deren Licht von den halbmatten Wandspiegeln gebrochen wird.

Mit Milonga bezeichnen die Portenos sowohl die Veranstaltungen von Tangotanzvergnügen als auch die Lokale selbst, in denen sie stattfinden. In einem klassischen sind wir gelandet.

Männer beobachten Frauen mit erwartungsvoller Unruhe und umgekehrt. Welche wäre die ideale Partnerin, wer der versierte Begleiter. Die da, der da, nein die andere, oder jener? Aus dem Beobachten wird Musterung, gefolgt von einem Augenzwinkern, einer Geste mit dem Fächer, einer sanften Kopfbewegung hin zur Tanzfläche. Aus versteckten Gebärden, Fingerzeigen, Minenspielen und Blicken wird Zustimmung.

Der Mann fordert auf. Das Paar geht zur Tanzfläche. Dann versinken beide in leidenschaftlicher Zuneigung zu ihrem Tanz, dem Tango, in eine andere Welt.

Geredet wird nicht. Der Mann führt. Kleinen Schritten folgen weit ausgreifende. Die Paare schweben hin, schweben her und drehen sich dazwischen. Die getanzten Figuren wiederholen sich. Konzentration und Anstrengung lassen die Gesichter zwischendurch zu Masken erstarren. Beine fliegen in die Luft, verhaken sich ineinander und zum Abschluss versinken die beiden nach einem Ausfallschritt in einen halben Spagat. Ein Hauch irrationaler Glückseligkeit huscht über ihre Gesichter. Sie fanden zur gewünschten Harmonie, sie konnten ihr Können mit Begeisterung umsetzen.

Lebenslust, Leidenschaft, Schwermut, Illusion und Hingabe erfüllt die Tanzpaare. Über all diesen Gefühlen schweben die Klänge des Bandeneóns – immer rhythmisch, wechselnd melancholisch, tröstlich und wehmütig, mal aufmunternd schnell, mal schmalzig langsam.

Ein Café in der Nähe in einem Jugendstilhaus an der Ecke zur Avenida 9 de Julio mit Blick auf den Obelisken haben wir als Treffpunkt für den gemeinsamen Abend mit den anderen verabredet. Lucia hat Plätze zum Essen ohne Show in der Parilla La Estancia reserviert, einem typischen Steakhaus in der Lavalle.

Die Gauchos hüten die Rinderherden in der Pampa Húmeda im Hinterland von Buenos Aires. Fleisch gehört in großen Mengen zur Grundausstattung eines argentinischen Essens.

Bife und Tinto ergänzen sich so harmonisch wie die Paare beim Tango. Chorizo, Lomo und Costilla heißen die Favoriten – Rumpsteak, Lende und T-Bone-Steak. Wer keine Angst vor noch größeren Portionen hat, sollte eine Parillada bestellen, einen gemischten Teller mit gegrilltem Fleisch. Und wer es scharf mag, lässt sich Chimichuri dazu servieren, die feurige Soße des Landes.

Wir befinden uns fast auf Meereshöhe. Die Gedanken an einen Kokatee haben wir längst ausgespeichert. Durchaus gute Rote wachsen an den Osthängen der Anden in Mendoza. Wir entscheiden uns für eine Flasche Cabernet Sauvignon, was wir nicht bereuen müssen. Wir schlafen in dieser Nacht tief und lang und ohne Kopfschmerzen.

Lucia organisierte eine Busrundfahrt. Nur auf diese Weise haben wir die Chance, während des verbleibenden kurzen Aufenthaltes die eindrucksvollsten Sehenswürdigkeiten und Orte der weitläufigen Stadt zu streifen oder auch aufzusuchen.

Buenos Aires kann mit einer der breitesten Straßen der Welt aufwarten. Ihr Name Avenida Nueve de Julio erinnert an den Tag der Unabhängigkeit 1816. Wir fahren auf dieser Hauptschlagader der Stadt Richtung Süden, vorbei an zwei prunkvollen Palästen des 19. Jahrhunderts, in denen die Botschaften Frankreichs und Brasilien residieren. Das Teatro Colón wendet uns den Rücken zu. Dafür glänzt der Obelisk, ein Wahrzeichen der Stadt, wenige Kreuzungen weiter in seiner ganzen Größe.

Lucia wird zusehends munterer, als wir uns La Boca nähern. Leicht aufgeregt und freudig säuselt sie ins Mikrofon, was sie meint, ihren Gästen mitteilen zu müssen über das von italienischen Einwanderern gegründete und deren Nachfahren bewohnte Viertel – ist sie doch selbst Italienerin. Künstler und Literaten wohnen hier, Schauspieler, Sänger, Arbeiter und Händler. Auffallen will jeder und alles. Nicht nur das Fußballstadion mit dem sinnigen Namen La Bombonera, die Pralinenschachtel, wurde gelb und blau grell angestrichen, alle Häuser leuchten auffallend bunt. Mit Reichtum gesegnet waren die Einwanderer nicht. Aus den Stahlwänden und Blechen abgewrackter Schiffe schweißten sie originelle, oft lustig anzusehende Wohnhäuser, die sie mit allen Farben der Malerpalette überzogen.

In der Fußgängerzone El Caminito drängen sich die Touristen vor und in den Souvenirgeschäften, sinnieren über Motive und Farbgebung der von den Malern ausgestellten Bilder, die meist die Häuser des Viertels wiedergeben, kaufen eine CD mit Tangomusik und gehen in den Cafés und Restaurants dem ‚dolce far niente‘ nach.

Lucia studiert die ausgehängte Speisekarte eines italienischen Restaurants. Ich geselle mich zu ihr. Wie gerne hätte ich nach der üppigen Fleischportion des gestrigen Abends einen Salat oder eine Pasta bestellt. Doch Lucia drängt, wie ich enttäuscht, weiter. Bis zum Mittagessen müssen wir uns noch zwei Stunden gedulden.

La Boca grenzt unmittelbar an das die Stadt umschließende Hafengelände. Investoren sanierten Teile davon. Der alte Puerto Madero bei der Casa Rosada bekam ein neues Gesicht. Aus den Lagerhäusern wurden Apartmentblocks mit vom Licht durchfluteten Lofts. Im

Kontrast dazu stehen stadteinwärts moderne Türme in den Himmel ragender Hotels und Bürogebäude.

Wir überqueren am nördlichen Ende des Puerto Madero zuerst die Plaza General San Martín, dann die Avenida 9 de Julio und fahren zu dem als elegant und teuer geltendem Stadtviertel Recoleta mit seinen Villen und Stadtpalästen, deren Architektur an Paris erinnert.

Der Verkehr stoppt vor der Plaza Intendante Alvear und der Plaza Francia beim Friedhof La Recoleta, unserem eigentlichen Ziel. Die Leidenschaft zur Demonstration führt auch heute wieder die Massen zum Kampf mit dem Wort zusammen.

Lucia schlägt zur Überbrückung der Wartezeit eine Rundfahrt durch die nahen Parkgelände am Río de la Plata vor. Während draußen die Nationalbibliothek, ein Denkmal am Platz der Vereinten Nationen, das Kongresszentrum, der vornehme Club de Pescadores, die Anlagen des Campo de Polo und das Planetarium Galileo Galilei vorbeiziehen, stimmt Lucia uns auf den Besuch des Grabes von Evita Perón ein.

Sie erinnert an einen Staatsstreich der Offiziere im Jahr 1943, mit dem Juan Domingo Perón erstmals an die Macht kam. Eine Legende nahm ihren Anfang; nicht seine, sondern die seiner späteren Frau.

Perón stand der Arbeiterklasse nahe, wurde Arbeitsminister und organisierte den Aufbau der Gewerkschaften.

Eine Rundfunksprecherin mit dem Namen María Eva Duarte berichtete mit feuriger Stimme über diese Aktion. Als Perón von den wankelmütigen Generälen eingesperrt wurde, gelingt ihr durch Mobilisierung hunderttausender Anhänger dessen Befreiung.

Sie heirateten. Perón wurde zum Präsidenten gewählt. Seine Frau setzte sich weiter für die Arbeiterklasse ein, gründete die Eva-Perón-Stiftung zur Armenhilfe und die Peronistische Frauenpartei.

Als Evita, wie sie begeistert vom Volk genannt wurde, an Krebs stirbt, verblasst der Zauber des Volkshelden. Die Generäle bewirken die Absetzung des glücklosen Perón und seine Vertreibung ins Exil.

Jahre später gelang Perón die Rückkehr ins Präsidentenamt. Wieder bleiben er und seine dritte Frau Isabel ohne Fortune. Perón stirbt und die Militärjunta übernimmt erneut die Regierung.

Noch heute verehren die Argentinier Evita Perón. Sie wurde zur Ikone, ihre Grabstätte im Mausoleum der Familia Duarte ihres Vaters zum Wallfahrtsort, wie wir selbst feststellen können. Nicht nur Touristen kommen täglich vorbei, auch Einheimische zollen ihr Jahrzehnte nach ihrem Tod Referenz. „Volverá y seré milliones", verkündet eine der Grabplatten hoffnungsvoll: „Ich werde zurückkommen und millionenfach fortbestehen".

Am Abend begegnen wir dem „Mythos Evita" noch einmal. Lucia reservierte Plätze in der Tanguería La Ventana in der Calle Balcarce in San Telmo, ganz in der Nähe der Calle Defensa, wo wir den Streifzug durch Buenos Aires gestern begannen.

Was für eine Atmosphäre! Die Show findet in den Kellerräumen des ehemaligen Klosters Santo Domingo statt, das im 19. Jahrhundert mit kolonialem Flair überbaut wurde und als solches von außen nicht mehr zu erkennen ist. Die findigen Architekten fügten dem Gewölbe aus rotem Klinker eine Decke im Jugendstil ein, deren indirekte Beleuchtung dem Salon Del Virrey einzigartigen Charme verleiht.

Den Abend eröffnet ein Menü, das argentinische Weine begleiten. Wir entscheiden uns für einen Syrah, einen feurigen Roten.

Dezente Musik kündet den Beginn der Vorstellung an. Der schwere Vorhang verschwindet seitlich hinter dem Rahmen der Bühne und gibt den Blick auf das Podium mit dem Orchester frei. Vier Musiker spielen Bandoneón, zwei Geige, einer Bass und ein weiterer Piano.

Der Tango beherrscht von nun an die Szene. Vier Paare tanzen im Gleichklang, einzelne Paare treten auf, wechseln mit anderen, Sänger und Sängerinnen tragen Lieder vor, Folkloregruppen spielen kleine getanzte Stücke, Bolas schwingende Gauchos sorgen mit einer rasanten Einlage für Abwechslung und immer wieder fesseln die Tänzer in wechselnder Garderobe und in unterschiedlichen Formationen mit professionell vorgetragenem Tango Argentina.

Das Finale naht. „No llores por mi Argentina" ertönt. Jedermann im Salon kennt die mitreißende Melodie aus Andrew Lloyd Webbers Musical „Evita", dessen Song „Don't cry for me Argentina", von Madonna vorgetragen, um die ganze Welt ging. Evitas Anhänger sehen sie als moderne Heilige, als ihre Santa Evita. Ihre Verehrung nach dem Tod übertrifft jene zu ihren Lebzeiten. Das Musical schließlich machte sie unsterblich.

Als Evita erkennt, dass sie nicht mehr lange leben wird, schwört sie ihren Landsleuten ewige Liebe:

> Weine nicht um mich, Argentinien.
> Die Wahrheit ist, ich hab' dich nie verlassen.
> Durch all meine wilden Tage
> und mein ganzes verrücktes Leben hindurch
> hab' ich immer mein Versprechen gehalten.
> Und darum gib Du jetzt bitte Deine Zurückhaltung auf.
>
> Und was das Geld betrifft und den Ruhm,
> all das hab' ich nie gewollt,
> auch wenn es der ganzen Welt so schien,
> als wären diese Dinge das einzige,
> nach dem ich immer gestrebt habe.
>
> Aber das alles sind nur Trugbilder,
> und nicht die Lösungen, die sie zu sein versprachen.
> Und die Antwort war die ganze Zeit hier:
> Ich liebe Dich und ich hoffe, Du liebst auch mich.
>
> Weine nicht um mich, Argentinien …

Buenos Aires Av. 9 de Julio          Casa Rosada - Präsidentenpalast

San Telmo                                    La  Boca

Evitas Grab

Tanguería La Ventana

Wunder der Natur

Mit der Frühmaschine der Aerolineas fliegen wir nach Puerto Iguazú im Dreiländereck Argentinien, Brasilien und Paraguay. Die Einwohner des unscheinbaren Ortes, der sich Hafen nennt, ohne über mehr als eine winzige Mole und ein Schwimmdock zu verfügen, leben von einem einzigartigen Schauspiel der Natur, das der Río Iguazú, in Millionen von Jahren eingeübt, ganzjährig seinen Besuchern in größter Vollendung bietet: Der Fluss stürzt, nur von ein paar Felsformationen und einer noch nicht voll hinweggespülten Landzunge unterbrochen, auf einer Breite von 2.700 m etwa 80 m in die Tiefe. Dieser Wasserfall gilt als der größte der Erde. Andere, wie die Niagarafälle, stürzen tiefer, oder führen mehr Wasser während der Regenzeit, wie die Viktoriafälle, oder gelten als der höchste Wasserfall, wie der Salto Angel in Venezuela, der 979 m überwindet und doch im Vergleich ein Rinnsal bleibt. Diese und andere übertreffen jedoch nicht das Spektakel, das die Fälle des Iguazú bieten.

Mit dem Bus fahren wir die wenigen Kilometer vom Aeroporto Cataratas del Iguazú zum Besucherzentrum. Von dort wandern wir auf dem so genannten Sendero Verde, dem Green Trail, über locker bestandenes Buschland bis zum Büro der Nationalparkverwaltung. Hier entscheiden wir uns auf Empfehlung Lucias zunächst für den Upper Trail.

Das bereits seit einiger Zeit vernehmbare Rauschen des Wassers schwillt an, je näher wir den ersten Flussarmen kommen. Dann wechseln Brücken mit befestigten Wegen und Aussichtspunkten, die immer neue und großartige Blicke auf die Kaskaden der argentinischen Seite des Flusses freigeben. Insgesamt sollen es zweihundertfünfundsiebzig sein, die Fälle auf der brasilianischen Seite eingeschlossen.

Vor und unter uns rauschen die Wassermassen vorbei und stürzen weiß schäumend und Gischt aufwirbelnd über die Felslippen in die Tiefe. Dos Hermanas, die beiden Brüder, wird der erste Doppelfall genannt. Von der Plattform beim Chico überblickt man die Fälle Ramirez, Bossetti, Eva und Adam. Nach 650 m erreichen wir das Ende des in den Fluss hinein gebauten Steges oberhalb des zweistufigen

Falles Mendez mit Blick auf die spektakulärste Kaskade Argentiniens, die nach dem Nationalhelden San Martin benannt wurde.

Die hohe Luftfeuchtigkeit bricht die Sonnenstrahlen und verstärkt deren brennende Wirkung. Nur wenige Schattenplätze bieten Schutz.

Kaskaden des Iguazú in Argentinien

Kaskade San Martín

In der Teufelskehle

Kaskaden des Iguacu in Brasilien

Lucia macht während des Rückwegs auf die Schmetterlinge aufmerksam, die in den blühenden Büschen auf den kleinen Inseln nach Nahrung suchen; ein Kolibri ebenso. Aufdringliche Nasenbären betteln ohne Scheu. Zahlreiche Vögel nisten in den Bäumen am Ufer.

Eine Schmalspurbahn verbindet das Besucherzentrum mit der Estación Garganta del Diablo, von der die Hauptattraktion ihren Anfang nimmt. Wir steigen an der Haltestelle beim Upper Trail zu. In Ufernähe windet sich die Trasse durch den Regenwald flussaufwärts. Vögel fühlen sich von der vorbeifahren Bahn gestört und fliegen auf. Lucias geübte Augen sehen sie zuerst. Ein Tucan-Pärchen sitzt auf einem hohen Baum. Papageien schreien. Affen hangeln in der Nähe von Ast zu Ast. Reiher und Kormorane staksen in Ufernähe durchs

90

seichte Wasser und halten nach Nahrung Ausschau. Wir sind hier der Natur sehr nah – ihrer Schönheit wie auch ihrer Gewalt.

Von der Endstation führt ein 1.700 m langer Steg direkt über den Fluss bis zur Garganta del Diablo, der Teufelskehle. Faszinierende Blicke erschließen sich uns. Am Anfang des Trails, noch weit weg von den Kaskaden, fließt der Strom träg dahin. Iguazú nennen ihn die Indios seit Urzeiten, Großes Wasser. Wir können sehen, wie richtig dieser Name gewählt wurde, denn zwischen der einen und der anderen Uferseite liegen oberhalb der Fälle etwa 3.000 m.

Die Sonne spiegelt sich in der großen Fläche und blendet. Umgestürzte Bäume und von den Ufern ausgespülte Grasinseln treiben vorbei und dem Abgrund zu. Fische können wir in der Nähe des Stegs ausmachen.

„Ein Krokodil", hören wir jemanden rufen.

Lucia blickt über das Geländer. „Ein Kaiman", stellt sie fest. „Er liegt im Schatten der Brücke und lauert auf Beute." Nur die Nasenlöcher ragen aus dem Wasser, damit das Tier atmen kann.

Vor ein paar Jahren riss eine Flut nach tagelangem Regen den Steg auf seiner gesamten Länge aus der Verankerung. Verrostete Stützpfeiler ragen an einigen Stellen noch aus dem Wasser. Kein beruhigender Anblick für Angsthasen, die spätestens zur Mitte hin bemerken, dass die Vibration der Stege mit zunehmender Fließgeschwindigkeit des Flusses steigt.

Lärm erfüllt die Luft am Endpunkt des langen Stegs. Dort kann das Inferno der stürzenden Wassermassen von drei Aussichtspunkten beobachtet werden. Wir stehen jetzt unmittelbar am oberen Rand der Teufelskehle und blicken angespannt in den Schlund. Das donnernde Getöse würde jedes Wort verschlucken. Doch keiner verspürt Bedarf, sich zu unterhalten. Jeder ist mit sich und seinen Gedanken über die unbändige Kraft der Naturgewalten beschäftigt.

Am späten Nachmittag fahren wir mit dem Bus zunächst zurück Richtung Flughafen und dann weiter nach Puerto Iguazú. Auf der anderen Flussseite liegt die brasilianische Stadt Foz do Iguacu und zwischen diesen beiden kleinen Orten mündet der Río Iguazú, nachdem er von der Quelle bis hierher 1.320 km zurückgelegt hat, in den noch mächtigeren Río Paraná.

Wir verlassen Argentinien und fahren über eine Brücke hinüber nach Brasilien.

Der Portugiese Pedro Álvares Cabral landete 1500 an der Ostküste Südamerikas. Als Zeichen der Besitzergreifung für Portugal hisste er die Flagge seines Königs. Das Land erhielt den Namen Brasilien. Die Landessprache wurde und blieb bis heute Portugiesisch. Deshalb werden die Wasserfälle von den Spanisch sprechenden Argentiniern Cataratas del Iguazú und von den Brasilianern Cataratas do Iguacu genannt.

Die Grenzkontrollen nehmen viel Zeit in Anspruch. Jeder Einzelne muss vortreten, wird gemustert und befragt. „Führen Sie Waffen, Drogen oder verbotene Medikamente mit sich?" Aus Angst vor dem Schmuggel beschäftigt die brasilianische Regierung ganze Heerscharen von Zollbeamten. Auch Militär steht im Hintergrund bereit. Zwei Grenzpolizisten untersuchen den Bus. Nach meinem Kokablatt im Brustbeutel werde ich nicht gefragt.

„Das war sehr leichtsinnig", meint Lucia, als ich ihr mein kleines Geheimnis anvertraue. „Wir hätten große Unannehmlichkeiten bekommen können."

„Wegen eines Blattes?"

„Ja, wegen eines einzigen Blattes."

Auf Grund der kleinlichen Kontrollen der Brasilianer benötigen wir für die wenigen Kilometer von der argentinischen zu unserem Ziel auf der brasilianischen Seite mehr als eine Stunde. Das Hotel Das Cataratas liegt, eingebettet inmitten der tropischen Regenwälder des Nationalparks, auf einer vom Fluss gebildeten Schleife hoch über den Wasserfällen.

Der koloniale Stil erinnert an längst vergangene Zeiten. Fünf Sterne versprechen am Eingang viel. Nicht alles funktioniert wie erwartet. Wir sehen darüber hinweg und genießen die großzügige Anlage, den Park ringsum, die ruhigen Ecken beim Pool, das Barbecue am Abend mit den anderen und den Gutenachttrunk an der Bar im Freien unter einem klaren Sternenhimmel.

Am nächsten Morgen steigen wir hinunter zu einer Terrasse, die eine Aussicht auf das ganze Naturschauspiel der Cataratas erschließt. Rechts vor uns liegt die Kette der argentinischen Fälle, zu denen auch der Lower Circuit führt, den wir aus Zeitgründen nicht gegangen sind; in der Mitte die Isla San Martín vor den Kaskaden Rivadava und Escondido; links die Teufelskehle mit der sich anschließenden tiefen Schlucht; direkt unter uns die Strudel am reißenden Zusammenfluss des brasilianischen Arms des Iguacu mit dem argentinischen.

Auf einem Fußweg wandern wir oberhalb des Flussbetts zu den brasilianischen Fällen. Der Blick vom Aussichtsturm genügt uns nicht. Wir steigen hinunter in die Schlucht und folgen einem Steg, der noch viel abenteuerlicher in den Fluss hineingebaut wurde als jener, der gestern zum Garganta del Diablo führte.

Der Iguacu fällt hier in zwei Stufen über schroffe Felswände in die Tiefe; links über uns die Kaskade Floriano; rechts unter uns die Kaskade Santa María. Ein letztes Foto, dann schwillt die aufwirbelnde Gischt so stark an, dass wir in wenigen Minuten durchnässt sind und die Kameras schützend in den Taschen verstecken müssen.

Mutig gehen wir weiter bis zum Ende des Stegs an der Teufelskehle. Greifbar nahe stürzen die Wassermassen direkt vor uns mit donnerndem Grollen herab. Das Getöse des Hexenkessels übertrifft jenes, das wir von gestern in Erinnerung haben. Feuchte Nebelschwaden hüllen uns ein. Der Himmel verfinstert sich. Geraume Zeit verstreicht, bis wir uns von dem fesselnden Eindruck dieses Naturschauspiels wieder lösen können.

Die Sonne kommt erst auf dem Rückweg wieder zum Vorschein. Sie wird, wie bereits die Tage vorher, weiter unser Begleiter sein.

Rio – Boom, Crime und Samba

„Stellt euch vor", sagt Margarete nach der herzlichen Begrüßung und Umarmung, „erst letzte Woche wurde ich wieder ausgeraubt, als mich Rodrigo an meinem Lieblingsstrand absetzte. Kaum war ich ausgestiegen, entriss mir ein junger Mann, der von hinten kam, mit Gewalt die Umhängtasche und rannte davon. Viel Geld fand er nicht, da ich zum Frühsport immer nur ein paar Reais mitnehme."

Ohne einen Kommentar abzuwarten, erzählt sie weiter: „Das war bestimmt schon das fünfte Mal, dass mir so was passierte. Ich wurde sogar in einem Taxi ausgeraubt. Deshalb hole ich euch ab, weil man nie weiß, mit welchen Ganoven die Fahrer zusammenarbeiten. Auf Rodrigo ist Verlass. Der wohnt in meiner Nähe. Ich fahre nur noch mit ihm. Er bringt mich später auch wieder nach Hause."

„Mit einem freundlichen Wort und einer Waffe erreicht man mehr als mit einem freundlichen Wort allein", soll der amerikanische Gangster Al Capone einmal gesagt haben.

„Eine Pistole hat Gott sei Dank noch keiner auf mich gerichtet. Die werden mit einer alten Frau auch so fertig."

Margarete geht auf die Achtzig zu, ist sehr rüstig und besucht zweimal im Jahr ihre Verwandten in Deutschland. Sie ist die Tante meines Schwiegersohnes. Ihr verstorbener Mann war lange Jahre in Rio beruflich tätig. Die Enkelkinder wachsen heran, stehen vor dem Abitur oder im Studium. Das bindet sie an Brasilien.

Ich hatte sie bereits vor Reisebeginn für den heutigen Abend eingeladen und drei mögliche Treffpunkte vorgeschlagen, das Porcao Rio's, das Satiricon und die Grota de Ipanema.

„Hoffentlich seid ihr damit einverstanden, ich ließ einen Tisch im Porcao Rio's reservieren. Das liegt direkt an der Praia Glória im Parque do Flamengo, wo ich fast täglich joggen gehe. Die Churrascaria wird euch gefallen, sie gehört zu den besten Adressen in der Stadt."

Während sie überschwänglich von ihren Enkeln berichtet und die neuesten Bilder erklärend zeigt, servieren die Kellner frisch gegrilltes Rind, Schwein, Lamm und Huhn. Sie gehen mit Spießen von Tisch zu Tisch und schneiden nach Wahl das Beste für einen herunter; jedes

94

Stück saftig und schmackhaft gewürzt. Das Porcao ist ein Lokal für Menschen mit richtig großem Hunger. Der Kellner kommt so lange, wie man möchte, oder bis man nicht mehr kann.

Andi, ihr Sohn, arbeitet auf einer Ölplattform im Atlantik, erzählt Margarete. Sie liefert mir das Stichwort, um nach der Wirtschaft, dem Lebensstandard ganz allgemein und nach den Verhältnissen in den ungezählten Armenvierteln Rios, den Favelas, zu fragen.

Die Wirtschaft wächst seit Jahren. Kaffee, Kautschuk, Zuckerrohr und Baumwolle waren einst die Grundlagen des Exports, hören wir. Große Investitionen in die Automobilindustrie, die Eisenverhüttung und Stahlgewinnung und die Papiererzeugung führten zu einer Ausweitung des Handelsvolumens. Eine weitere Zukunft liegt bei den Öl- und Gasvorkommen und der damit verbundenen Petrochemie.

„An der Vielzahl der Armen ging diese Entwicklung leider spurlos vorüber", ergänzt sie seufzend. „Immer mehr Menschen drängen in die Städte, ohne Arbeit finden zu können und immer mehr Favelas entstehen. Ich wohne auf einem Hügel in Santa Teresa, wie ihr wisst. Wenn ich von der Terrasse meines Hauses hinunter blicke, liegen die Altstadt von Rio, die Bucht von Botafogo und der Zuckerhut vor mir. Auf der anderen Seite sind inzwischen sechs Favelas entstanden – mitten in der Stadt, stellt euch das vor."

Wir hören dies mit Erstaunen. Sie fährt fort: „Kein Wunder, dass die Kriminalität immer mehr um sich greift. Sie stellt für ganz Rio ein großes Problem dar. Raub, Drogenhandel, Entführung, Mord und Korruption sind an der Tagesordnung. Gewöhnen kann sich niemand daran."

„In einigen Jahren wird in Rio die Olympiade ausgetragen", gebe ich zu bedenken.

„Bei vielen wächst die Besorgnis, dass die Behörden nicht in der Lage sein werden, die Kriminalität in Schach zu halten."

Vor dem Restaurant wartet bereits Rodrigo in seinem Wagen; neben ihm ein zweites Taxi. „Der Fahrer ist mit Rodrigo befreundet. Er wird euch sicher zum Hotel bringen", gibt sie uns beruhigend zum Abschied mit auf den Weg. „In zwei Monaten komme ich euch wieder besuchen. Ich freue mich bereits darauf."

Rio de Janeiro

Copacabana

Zuckerhut

Kapuzineräffchen

Sambatänzerinnen…

Cristo Retendor

… im Plataforma

Ipanema und Leblon

Baia de Guanabara

96

Claudia, eine echte Carioca, wie sie sich selbst bezeichnete, holte uns gestern vom Flughafen ab, als wir von Foz do Iguacu kommend und, nach einem Zwischenaufenthalt in Sao Paulo, in Rio landeten. Sie ist sehr groß, sehr schlank, hat lange Beine. Gestern trug sie einen weißen Rollkragenpullover ohne Ärmel, jedoch mit ausgeschnittenen Schultern, was ihre Oberweite betonte – heute einen lindgrünen mit dem gleichen, provozierenden Effekt. Wären wir am Strand, würde sie sich vermutlich mit einem Tanga zeigen. Die Figur dazu hat sie.

Sie erwartet uns am nächsten Morgen zu einer Rundfahrt. „Werden die Cariocas, wie sich die Einwohner Rios nennen, nach dem Wahrzeichen und den Sehenswürdigkeiten ihrer Stadt gefragt, dann nennen sie meist gleich vier – den Zuckerhut, die Copacabana, den Karneval und die Christusstatue auf dem Corcovado. Sie haben zwei Tage Zeit, alles mit mir kennen zu lernen."

Als der portugiesische Seefahrer Gaspar de Lemos die Guanabara-Bucht entdeckte, glaubte er sich in der Mündung eines Flusses. Das geschah im Januar des Jahres 1502, worauf er das Gewässer Januar-Fluss taufte. Die 1565 am westlichen Ufer gegründete Stadt erhielt deshalb den Namen Rio de Janeiro.

Den imposanten, im unteren Teil bewaldeten Granitfelsen auf einer kleinen Halbinsel mag Gaspar de Lemos bestimmt beachtet haben. Von Bestaunen war sicher keine Rede. Warum auch. Möglicherweise hat er ihn in seinem Logbuch als markanten Navigationspunkt eingetragen. Dass er einmal Wahrzeichen einer Stadt sein und den Namen Zuckerhut tragen würde, daran dachte er bestimmt nicht.

Bei strahlendem Sonnenschein fahren wir mit der Seilbahn hinauf und genießen den Blick auf die „cidade maravilhosa", wie sie von den Brasilianern liebevoll genannt wird, auf ihre „wunderbare Stadt", die große Geschichte schrieb. Zuerst wurde Rio Hauptstadt des Vizekönigreichs Brasilien. Dann regierte hier sogar der portugiesische König für ein Jahrzehnt, als dieser vor Napoleon floh, der expansionslüstern über die iberische Halbinsel herfiel. Daran anschließend hatte hier das Kaiserreich Brasilien für ein dreiviertel Jahrhundert seinen Sitz und schließlich wurde gegen Ende des 19. Jahrhunderts Rio zur Hauptstadt der freien Republik Brasilien.

Die Erhebung Brasilias zur neuen Hauptstadt des Landes 1960 tat der alten keinen Abbruch. Erst recht, scheinen sich die Cariocas mit ihrer leichten und unkomplizierten Lebensart gedacht zu haben. Sie tanzten weiter leidenschaftlich Samba und erfanden zusätzlich den Bossa Nova, der mit der bekannten Melodie „The Girl of Ipanema" im Nu die Welt eroberte. Das Vergnügen und der Tourismus traten an die Stelle der Politik und wer Zeit hat oder sich Zeit nimmt, auch ohne sie zu haben, tummelt sich auf den kilometerlangen Stränden, in den Fußballstadien, in den Sambaschulen und während der Karnevalssaison auf den Straßen.

Lucia hatte sich bisher sehr zurückgehalten – sie überließ Claudia das Wort. Entzückt macht sie jedoch auf die Kapuzineräffchen aufmerksam, die ohne Scheu vor den Menschen auf den Bäumen bei der Seilbahnstation herumklettern. „Für die Tierwelt und die Botanik haben die Brasilianer leider nicht viel übrig. Große Waldflächen fielen ihren Plantagen zum Opfer. Vielleicht haben wir Glück und machen bei der Auffahrt auf den Corcovado durch den Tijuca-Park die eine oder andere Entdeckung."

Quer durch einen Teil der Stadt gelangen wir nach Cosme Velho. Dort besteigen wir die von den Schweizern gebaute Bergbahn, die in abenteuerlichen Windungen und Steigungen die Fahrgäste bis knapp unter den Gipfel des 710 m hohen Corcovado bringt – für mich der Gipfel mit der noch spektakuläreren Aussicht auf die Stadt. Im Osten liegen unter den ausgebreiteten Armen der Christusstatue die Guanabara-Bucht, der Zuckerhut, der Yachthafen von Botafogo, der Strand der Gloria-Bucht mit dem gestern besuchten Porcao Rio's, halbrechts der Strand von Copacabana, im Süden die exklusiveren Viertel Leblon und Ipanema, mehr im Norden Santa Teresa, die Altstadt, das Sambódromo und das Fußballstadion Maracana und im Rücken der Statue die Rio begrenzende Hügelkette mit dem Tijuca-Nationalpark.

Wenig scheue Nasenbären umschwärmen bettelnd Kinder beim Warten auf die Talfahrt des Zuges. Mehr sehen wir von der Tierwelt während des Rückweges durch den Park nicht, von ein paar Vögeln abgesehen. „Hier pflückten Schwarzafrikaner Kaffeebohnen von den Sträuchern riesiger Plantagen, bis die Regierung die Sklaverei verbot

98

und der Kaffeeanbau finanziell nicht mehr konkurrenzfähig betrieben werden konnte", erzählt Lucia. Das riesige Areal wurde aufgeforstet, zum Nationalpark erklärt und sich selbst überlassen, berichtet sie weiter. So entstand am Rande Rios ein Urwald in der Größe einer Kleinstadt. „Noch immer werden in Brasilien große Flächen des Regenwaldes wild gerodet – vor allem im Amazonasbecken", sagt Lucia anklagend. „Präsident da Silva will mit der ‚Operation Feuerbogen‘ hart dagegen vorgehen."

Ob er und seine Nachfolgerin Rousseff die Holz-Maffia, die Tropenhölzer in alle Welt verkauft, erfolgreich bekämpfen können, scheint fraglich. Die ärmsten der Armen des Regenwaldes, die Arbeit suchenden Indianer und Afro-Brasilianer, die, als Holzfäller oder Hilfsarbeiter in den Sägewerken, ihre vielköpfigen Familien mit einem Hungerlohn über Wasser halten, bleiben dabei auf jeden Fall auf der Strecke. Sie werden wieder arbeitslos und gehen im Nichts der sie umgebenden grünen und sumpfigen Wildnis unter.

Vor einigen Tagen bestaunten wir die vielfältigen Hinterlassenschaften der Andenvölker in Peru und Bolivien. Auf ihrem jahrtausendelangen Weg in den Süden entwickelten die indigenen Ureinwohner großartige Kulturen – sei es in den kanadischen Rockys, bei den Pueblo-Indianern im amerikanischen Westen, bei den Azteken und Mayas in Mittelamerika oder bei den Völkern auf den Hochebenen der Anden.

Nach dem biblischen Verständnis – an das Juden, Christen und Muslime gleichermaßen glauben – schuf Gott Himmel und Erde und die Menschen in einem siebentägigen Rhythmus.

Auch die indigenen Völker überlieferten Schöpfungsgeschichten von Generation zu Generation. So schenkte beispielsweise ein Rabe nach den Vorstellungen der Haida-Indianer der Welt das Licht und lockte damit die ersten Menschen am Strand des großen Meeres aus einer Muschel.

Die Maya beschrieben in ihrem Popol Vuh die Stille und Leere des Anfangs, aus der die Welt und die Menschen durch die Götter geschaffen wurden. Und bei den Indios in den Anden stand Viracocha als Schöpfer am Anfang alles Seins. Die ihm geweihten Tempel stehen als Ruinen noch heute auf dem Altiplano.

Eine auch nur annähernd vergleichbare kulturelle Entwicklung gelang den Indianern des südamerikanischen Flachlands nicht – weder im Großraum des Amazonas noch in den östlichen Ebenen bis hinunter zu den argentinischen Pampas.

Die überlieferten Legenden und Mythen der den beiden großen Sprachfamilien Guarani und Tupí zuzuordnenden Stämme nehmen sich eher bescheiden aus. „Die Ruhestatt der Schwierigkeiten und Schmerzen" nennen sie die Erde – verständlich angesichts der harten Lebensbedingungen in den tropischen Regenwäldern. Noch heute pflegen sie ihre Totenfeiern. Bei diesen von Tänzen begleiteten magischen Zusammenkünften sollen die Seelen befreit und zur Aufnahme ins Jenseits vorbereitet werden.

Der Amazonas, einer der längsten Flüsse der Erde, trägt den Namen der „Busenlosen", der Amazonen. Wir kennen die Amazonen als matriarchalisches Frauenvolk, als Mannweiber der antiken Sage.

Nach den Erzählungen der Tupí waren die Icamiabas, übersetzt „die Brustamputierten", ein legendärer Stamm amazonengleicher Kriegerinnen, die ohne Männer lebten und sich jährlich nur einmal mit diesen zur Fortpflanzung trafen. Gönnerhaft schenkten sie ihren Gefährten bei diesen Begegnungen zauberkräftige Amulette in Form von Schildkröten, Fröschen oder Fischen, die sie an ihre Gespielinnen erinnern und zugleich beschützen sollten.

Legende oder Wahrheit? Als Francisco de Orellana als erster Europäer, von Quito kommend, mit einem Trupp Soldaten den Amazonas von Westen bis zu seiner Mündung im Atlantik befuhr, wurden die Expeditionsteilnehmer mehrfach von Indianern mit Pfeilen beschossen. Ein begleitender Dominikaner berichtete in seinen Aufzeichnungen, dass ‚die Indios Untertanen der Amazonen waren, die selbst als weibliche Hauptleute in vorderster Front kämpften'.

Fest steht: Die Entdecker haben kämpfende indianische Frauen gesehen. Ob sie auch das Sagen hatten? Führten sie matriarchalisch die Stämme an, in denen das Mutterrecht galt und den Männern nur die Jagd und Bewachung der Siedlungen zufiel? Wer weiß.

Über diese und andere Fragen unterhalte ich mich mit Lucia, als wir in den Tunnels unter Santa Teresa und dem Corcovado hindurch und weiter auf der großen Stadtachse von Nord nach Süd fahren. „Haben Sie den Film « Birdwatchers » gesehen?"

„Nein, ich habe nur davon gelesen."

„Marco Berchis schildert darin auf bedrückende Weise den seit fünfhundert Jahren andauernden Überlebenskampf der Guarani und anderer Völker des Regenwaldes. Sie leben hoffnungslos am Rande des Existenzminimums. Sie besitzen kein Land. Dieses nennen die weißen Großgrundbesitzer ihr Eigen, weil es von ihren Vorfahren gerodet und urbar gemacht wurde. Sie werden als Hilfsarbeiter und oft nur mit Eintagsjobs abgespeist oder für Karnevalseinlagen engagiert, was ihrem Wesen völlig fremd ist. Der Untergang der indigenen Völker rückt trotz staatlicher Bemühungen, ihnen ihren Lebensraum zu erhalten, immer näher."

Vorbei am Lago Rodrigo de Freitas, dem von Segelyachten durchpflügten Stadtsee, und dem Rondell des Jockey Clubs kommen wir in das elegante Viertel Ipanema – eine für die Guarani nicht erreichbare, von ihnen auch nicht ersehnte Welt.

Brasilien ist reich an Edelsteinvorkommen. Die Namen „Stern" und „Sauer" stehen für eine die Frauen dieser Welt in Verzückung bringende Schmuckindustrie, soweit sie von zahlungskräftigen Männern behütet werden. In nahezu allen namhaften Hotels der Stadt warten Filialen auf Kundschaft – einundvierzig sind es allein in Rio; eine davon auf dem Zuckerhut. Fast Haus an Haus liegen die Zentralen der Firmen in der Rua García D'Ávila.

Eine Besichtigung der Ausstellungsräume, Museen und Werkstätten kann uns nicht reizen. Wir ziehen einen Rundgang durch die noblen Straßen Ipanemas vor und beobachten das Gewimmel braungebrannter und ölig glänzender Körper am Strand.

Durch Zufall entdecken wir auf dem Rückweg zum Treffpunkt in der Rua García D'Ávila, Ecke Barrao da Torre, das italienische Café und Restaurant Alessandro & Frederico – welch eine Erlösung nach dem übermäßigen Fleischgenuss der letzten Tage. Wir lassen uns im Freien im Schatten der Markise nieder, bestellen eine Gemüseplatte als Antipasti, gemischten Fisch vom Grill als Hauptgang, dazu zur Abrundung Pino Grigio aus dem Trentino, genießen die mediterran zubereiteten Köstlichkeiten und beäugen schließlich zurückgelehnt bei Espresso und Grappa das bunte Treiben auf der lebhaften Straße.

Samba, Pagode und Bosa Nova lauten die Zauberworte der tanzwütigen Cariocas in Rio. Wer als Besucher mitmachen möchte, findet dazu Gelegenheit in einer der Gafieiras, in einer der Sambahallen. Das Sacrilegio liegt im Kneipenviertel von Lapa und das Centro Cultural Carioca in der Rua do Teatro in der Altstadt, um nur zwei zu nennen.

Wer lieber tanzen lässt und zuschauen möchte sollte eine Probe der Sambaschulen besuchen, zu denen auch Touristen willkommen sind.

Als beste Samba-Show empfiehlt Rio-Online die Scala Rio. Leider erfahren wir davon zu spät.

So machen wir uns auf den Weg zur Show des Plataforma in der Rua Adalberto Ferreira in Leblon. „Erleben Sie 500 Jahre Brasilien" und „Die berühmteste Folklore-Show in Rio" verspricht der farbenfrohe Prospekt. Die afrikanischen Wurzeln der Rhythmen sind unverkennbar. Die Sambatänzerinnen sprühen vor Lebensfreude und Temperament, sie beeindrucken in grellbunten Federkostümen mit wechselnden Revuen und anmutigen Tänzen, die Männer mit Trommelwirbel, Akrobatik und den Capoeiras, den typisch brasilianischen Kampftänzen mit ihren endlos kreisenden Körpern. Leidenschaft treibt die Darsteller beim Samba an, leiser und ruhiger wird es bei der Pagode und volkstümlicher beim Bosa Nova, hollywood-kitschig und extrem touristisch mit Klatscheinlagen des Publikums zum Schluss.

Mit einem Drink an der Bar des Hotels beenden wir den lebhaften Tag. Auch in Brasilien erfreut sich Mate-Tee großer Beliebtheit. Aber die Tage des Teetrinkens haben wir seit dem Abflug von La Paz überstanden. Caipirinha heißt das Lieblingsgetränk des Landes, gemischt aus klarem Zuckerrohrschnaps mit einer zerstoßenen Limette, etwas Zucker und Eis – köstlich, erfrischend, nach MEHR schmeckend. Es bleibt nicht bei einem Caipi. Ein zweiter muss schon sein.

Wie mag Rio zur Zeit der jungen brasilianischen Kolonie ausgesehen haben? Carioca wurde die erste Siedlung von den an der Guanabara-Bucht lebenden Indianern genannt. Das Wort der Tupí-Guarani-Sprache bedeutet „Hütte des weißen Mannes" – Cariocas, wie sich die Bewohner Rios nennen, „Die von den Hütten des weißen Mannes".

War das erste Gebäude ein Holzhaus oder war es bereits aus Stein gefertigt? Bescheiden muss der Anfang gewesen sein, wie der Vergleich der Ureinwohner mit ihren Behausungen zeigt, weit entfernt von dem, was sich heute zu den schönsten Städten der Welt zählt.

Nach mehreren streitigen Auseinandersetzungen zwischen Portugiesen, Franzosen und Engländern um die Besitzansprüche in der Guanabara-Bucht und in Brasilien wurde Rio de Janeiro 1565 im Auftrag des Königs von Portugal gegründet.

Die kurz darauf erbaute Festung und alte Viertel mussten in neuerer Zeit der rasanten Stadtentwicklung weichen. Koloniales blieb wenig erhalten und steht, oft dem Verfall preisgegeben, unbeachtet zwischen modernen Glastürmen, wie sie in jeder Großstadt der Welt zu finden sind. Trotzdem versuchen wir am letzten Tag dieser Reise durch Südamerika auf unserem Rundgang durch das alte Centro Rios einiges vom Flair der Anfangsjahre einzufangen.

Im Paco Imperial residierten die Gouverneure und die königliche Familie während ihrer zehnjährigen Flucht vor Napoleon. In seinem Äußeren wirkt der Stadtpalast direkt bescheiden im Vergleich zu den anderen kolonialen Residenzen, die wir in Peru und Bolivien bewundern konnten.

Die alte Hauptkirche Nossa Senhora da Candelária, nur ein paar Straßenzüge weiter, lässt schon eher den Reichtum erahnen, der diese Stadt schon immer prägte. Sie war ursprünglich von riesigen Plantagen umgeben, auf denen Zuckerroh, Baumwolle und Kaffee angebaut und von den handelstüchtigen Portugiesen zu Geld gemacht wurden.

Billige Arbeitskräfte wurden gebraucht. Die Indianer eigneten sich dazu nicht oder verweigerten sich durch Rückzug in die Regenwälder. So begannen die Kolonialherren Sklaven aus Afrika einzukaufen. Ich muss an den Anfang dieser Reise denken, als wir die Île de Gorée überflogen. Fast die Hälfte der Einwohner Rios und ganz Brasiliens sind mehr oder weniger afrikanischen Ursprungs. Nicht alle, aber die meisten Sklaven kamen über Gorée in die neue Welt. Das Maison des Esclaves war Endstation ihrer Freiheit. Nach der Entdeckung Amerikas wurden in den Vereinigten Staaten und Brasilien Arbeitskräfte in großer Zahl gebraucht. Insgesamt sollen es zwanzig Millionen Sklaven gewesen sein, die von Westafrika nach Nord- und Südamerika verschifft und verkauft wurden. Sie verschwanden in den Silberminen Boliviens und Perus, auf den Baumwollfeldern von Uncle Sam und den Plantagen Brasiliens. Dieses Land soll die meisten Sklaven eingekauft haben, bis die Sklaverei 1888 und damit vierzig Jahre später als in den anderen Ländern abgeschafft wurde.

Noch heute dominiert die zartbraune Schokoladenhaut der Cariocas mit teils afrikanischen Vorfahren nicht nur beim Samba und Karneval, in den Favelas und am Strand, sondern auch in der Altstadt und auf den Märkten.

So auch auf dem Largo da Carioca, einer Fußgängerpromenade, auf der Trödler ihre Waren ausbreiten und Bouquinisten abgegriffene und vergilbte Lektüre anbieten.

Mickymaushefte in Portugiesisch finde ich dort. Ob das Kapital von Karl Marx noch einen Käufer findet?

In einer Schachtel stapeln sich auch deutsche Ausgaben. Darunter ein Buch, das den Untergang der Scharnhorst unter Graf Spee bei den Falklandinseln beschreibt.

Für die Cariocas dürfte die Seeschlacht zwischen den Briten und Deutschen im ersten Weltkrieg kaum von Interesse sein; vielleicht für die Nachkommen deutscher Einwanderer aus dieser Zeit, wenn sie noch am Leben sind. Schon einmal stand ich, es war in Port Stanley auf der Hauptinsel, mit einem Glas Guinness in der Hand vor einem Wandbild, das den Kreuzer Scharnhorst und die Kriegsschiffe Gneisenau, Nürnberg und Leipzig zeigte, die alle vor der Südspitze Argentiniens 1914 versenkt wurden. Als ob die Marine diesen Krieg hätte für Deutschland im Südatlantik vor den Falklandinseln entscheiden können.

Lucia drängt weiter. Sie macht auf den Hügel über dem Largo da Carioca aufmerksam, auf dem sich hinter wehrhaften Mauern das

Kloster Santo António erhebt – einer der ältesten Gebäudekomplexe aus den Anfängen der Stadt.

Nur wenige Schritte entfernt öffnet sich die Praca Floriano, der wohl schönste Platz Rios aus dem 19. Jahrhundert. Klassizismus pur ringsum mit dem prächtigen Theater, dem Museum der schönen Künste, der Nationalbibliothek und der Stadtverwaltung und alles eingerahmt und überragt von modernen Hochhäusern der Banken, Industrie und Versicherungen.

Am Teatro Municipal vorbei gehen wir auf der Avenida Rio Branca nochmals ein Stück zurück, um in der Confeiteria Colombo in der schmalen Rua Goncalves Dias einzukehren. Das Kaffeehaus im Jugendstil gilt als die Institution des alten Rio – ein absolutes Muss für jeden Besucher der Stadt. Über Marmortischchen mit gusseisernen Füßchen, Spiegeln in Goldrahmen, verschnörkelten Lampen und mit Konfiserie bestückten Vitrinen schwebt eine bunte Glasdecke.

Hier fühlen sich Einheimische wohl, die immer und stets lange dort sitzen, andere, die nur kurz auf einen Solo vorbeikommen, Touristen, wie wir, die das Erlebnis nicht auslassen wollen und das Personal, das die bunte Mischung der brasilianischen Bevölkerung verkörpert.

Im Café Colombo leben die portugiesischen Wurzeln fort und eine Kunstform, die an die 20-er Jahre des vergangenen Jahrhunderts erinnert und sich spiegelbildlich in einigen Kaffeehäusern Portugals wieder findet – im Café Majestic in Porto zum Beispiel oder im Café A Brasileira im Altstadtviertel Bairro Alto in Lissabon. In die Heimat des Portweins kam ich nur einmal, in die Hauptstadt mehrfach; privat und beruflich. Jedes Mal zog es mich in das Brasileira. Ob ich auch nach Rio und dort in das Colombo nochmals kommen werde?

Am Nachmittag steuern wir Santa Teresa an. Margarete informierten wir bereits bei unserem Treffen, dass die Zeit nicht reichen wird, bei ihr vorbeizuschauen. Sie zeigte Verständnis.

Auf dem Weg zur Station der alten Trambahn, die auf den Hügel dieses malerischen Wohnviertels fährt, kommen wir am neuen Sitz des Erzbischofs vorbei, an der Catedral de Sao Sebastiao. Wer nicht weiß, was sich hinter diesem riesigen, turmartigen Gebäude verbirgt, würde eher an einen Kühlturm eines Kraftwerks oder an eine Kläranlage als an ein Haus Gottes denken – ein gigantischer Bau mit vier sechzig Meter hohen bunten Glasfenstern, für zwanzigtausend Gläubige gebaut, gewöhnungsbedürftig, imponierend und scheußlich zugleich.

Schräg gegenüber steht ein weiterer Bau aus einer anderen Welt, das futuristisch anmutende Verwaltungsgebäude von Petrobrás, dem Ölmulti des Landes.

Ganz in der Nähe steigen wir in ein Unikum von Straßenbahn ein, von den Cariocas Bondinho oder auch Bonde genannt. Den Fahrten mit den Cable Cars in San Francisco vertrauten wir in der Annahme einer strengen technischen Überwachung. Hier hoffen wir auf die Begleitung eines Schutzengels und auf gutes Gelingen.

Die offene, luftige Tram hat keine Türen und keine Fenster. Sie fährt ab, wenn alle Sitzplätze belegt sind. Wer unterwegs zusteigt und auf den Trittbrettern stehen bleibt, der fährt kostenlos. Auf- und abgesprungen wird unterwegs ständig.

Gleich zu Beginn überquert die Bonde spektakuläre die Arcos da Lapas, ein Aquädukt, das einst die Altstadt mit Wasser versorgte. Alt und Neu liegen hier noch dicht beieinander.

Dann geht es über enge, kurvenreiche Straßen durch das seit hundertfünfzig Jahren bis heute begehrte Wohnviertel einer wohlhabenden Klientel, das auch von Künstlern und Literaten bevorzugt wird.

Hier blieb die Zeit stehen: Kopfsteinpflaster, koloniale und klassizistische Bauten, kleine und größere Wohnhäuser, Villen, teils mit Gärten, Schlösschen und Burgen mit Parks, ein Nonnenkloster, Mauern mit schmiedeeisernen Toren, aber auch mit Grafittis besprühte Wände und Stacheldraht als Schutz vor Dieben.

Nostalgischer Charme wohin man sieht. Restaurants, Cafés, Bars, Discotheken, Tante Emma Lädchen, alles im alten Stil, Geschäfte für Antiquitäten und Kunstgewerbe, in der Rua Manoel Carneiro die Treppe Escaderia Selaron, die vom Künstler mit bunten Kacheln belegt wurde. Alles in allem ein malerisches, romantisches, beschauliches Viertel im Herzen Rios, das trotz Nostalgie auch sehr lebendige Ecken aufweist.

Zweimal steigen wir aus, um die Aussicht über Rio zu genießen. Das Sambódrom macht außerhalb der Karnevalszeit mit seinen leeren Tribünen einen weniger reizvollen Eindruck, der Turmbau der neuen Kathedrale liegt direkt unter uns, in der Ferne erspähen wir das alte Kloster Sao Bento der Benediktinermönche, im Westen blicken wir auf mehrere Favelas – fast tausend soll es in der Region geben, in denen rund ein Drittel der Einwohner Groß-Rios leben.

Im Osten dehnt sich die Schokoladenseite Rios nach Süden aus: Die Altstadt, die modernen Viertel an der Glória-, Flamengo- und der Botafogo-Bucht mit dem Zuckerhut an ihrem Ende und der dahinter beginnenden Copacobana mit ihren Hotelpalästen.

Wir wohnen im Hotel Excelsior an der Avenida Atlántica mit Blick auf den weltberühmten Strand. Nebenan duckt sich das altehrwürdige und noch klassisch gebaute Palace zwischen den Glastürmen des Le Meridien, des Marriott und anderer feiner Adressen.

Dreieinhalb Stunden Zeit verbleiben uns bis zum Abschied von Rio. Wir nutzen sie zum Müßiggang, wie tausende Cariocas auch, die sich am Strand tummeln.

Wer es sich erlauben kann, einen Tag oder auch nur einige Stunden an den Stränden von Ipanema, Leblon oder Copacabana zu verbringen, gehört zu den in Arbeit stehenden, Geld verdienenden, vielleicht sogar betuchteren Cariocas, wenn er oder sie nicht zu den Gangs gehören, die lange Finger machen und das Gepäck der Strandbesucher nach Werthaltigem durchsuchen.

Das Hotel verfügt, wie auch andere, über einen eingefriedeten Teil des Strandes mit Liegen und Sonnenschirmen. Trotz Bewachung beklagt ein Hotelgast den Verlust einer Umhängtasche mit Bargeld, Kreditkarten und Fotoausrüstung. Wir wagen uns trotzdem hinaus, hinterlegen das Bordcase vorsorglich an der Rezeption und mischen uns unter die Leute.

Dem Schriftsteller Stefan Zweig wird der Ausspruch zugeschrieben: „Dieser Strand will allein dem Luxus, dem Vergnügen, dem Sport der Körperlust und der Augenlust gehören", und das landläufige Klischee verspricht – nach Meinung des Journalisten Dirk Fuhrig – an Rios

Stränden allerbeste Aussichten auf Waschbrettbäuche, knappe Bikinis oder minimale Tangas und einen grandiosen Sonnenuntergang.

Die beneidenswerte Schönheit der Cariocas beschreibt er – den Bildband des Modefotografen Mario Testinos aus Rio in der Hand – als „jung und sexy, körperbewusst und leidenschaftlich."

Schwärmend fährt er in seinem Bericht über die besten Strände Rios fort: „Testinos Fotos strahlen diese unschuldig-erotische Selbstverständlichkeit aus, die für Rio typisch ist. Wohlgeformte Schultern, knackige Hintern, kräftige Schenkel.

Lässige Sinnenfreude, entspanntes Flirten, kokette Blicke, geschmeidige Körperlichkeit. Haut zeigen ist natürlich, und Körperkontakt macht einfach Spaß, das ist die Botschaft dieser Bilder. Und dergestalt, man glaubt es kaum, ist tatsächlich der Alltag zwischen Copacabana und Ipanema."

Der absolute In-Strand sei vor dem Palace, direkt neben unserem Excelsior. Hier, so schreibt Fuhrig, „spiegeln sich die Cariocas in ihren besonders teuren Sonnenbrillen, die Badehosen tropfen, Tangas klemmen und wagenradgroße Sonnenhüte wogen durch die Reihen der Liegestühle. Überall makellos reine Badetücher, auf denen feste Bauchmuskulatur im Sechserpack lagert."

Nichts wie hin, sagen wir uns. Die Badetücher des Palace sind so sauber wie die des Excelsior, denn sauberer geht nicht. Einige ältere Semester räkeln sich auf den Liegen, von figürlich normal über leicht beleibt bis schwabbelig – Durchschnittstouristen aus den Staaten, scheint mir. Einer wirft stehend mit seinem Hängebauch Schatten auf seine sich auf einer Liege räkelnde Frau. Ein junges Paar sitzt mit einem Baby unter einem Sonnenschirm, beide mit Sonnenbrillen, das Kind mit Hütchen. Ihre Figuren schätze ich so normal ein wie den Preis ihrer Sonnenbrillen. Männer mit Waschbrettbäuchen, Frauen mit knackigen Hintern in Bikinis oder gar großrandig behütet? Heute Fehlanzeige beim Palace.

Wir gehen weiter, mit der Sonne im Rücken, der besseren Sicht wegen. Junge Männer spielen Fußball, andere Volleyball. Sie sehen aus, wie überall in der Welt junge Männer aussehen; nur meist farbiger, mit ein paar afrikanischen Blutstropfen in den Adern.

Wir achten mehr auf Cariocas, die wie wir hin und her wandern. Sie sind besser zu beobachten, als jene auf den Badetüchern.

Bikinis sind hier in der Tat das Maximalmaß. Natürlich tauchen auch Frauen mit Tangas auf. Ob sie zwicken? Eingeklemmt sind sie ohnehin. Ob der Journalist beidseitig gemeint hat?

Die Hosen der Männer sind kurz, meist slipartig. Ein Badedress mit längeren Beinen scheint hier out zu sein. Einer trägt einen schwarzen Männertanga.

Dann begegnen wir gleich drei Mister Universum. Schwarzenegger hätte seine wahre Freude an ihnen. Also doch, den Waschbrettbauch gibt es an der Copacabana. Sechserpack hoch drei in engen Höschen, mit geölten zartbraunen Körpern, gestylten Schultern und Muskelwürsten auf den Schenkeln. Schwach werden Erinnerungen an das eigene durchschnittlich figürliche Aussehen in den jungen Jahren wach. Mit aufgebrezelten Muskeln wären wir zu unserer Zeit von den Mädchen womöglich ausgelacht worden.

Auch Frauen mit Modelfiguren begegnen wir – schlank, hochbeinig und gut aussehend. Von jedem findet sich eben etwas. Nur nicht so ausschließlich, wie mancher es sehen möchte oder in seiner verzerrten Erinnerung hat.

Auf der Avenida Atlántica drängen sich jetzt die Autos in beiden Richtungen. Die Fahrer halten nach einem Parkplatz Ausschau. Nach Dienstschluss überschwemmen weitere tausende Cariocas die Strände und mischen sich unter die anderen, die dort schon länger ausharren.

Wir haben uns inzwischen an der Poolbar auf der Dachterrasse unseres Hotels eingefunden. Lucia hatte zu einem Abschlussumtrunk eingeladen, den wir nicht versäumen möchten.

Mit einem erfrischenden Caipirinha in der Hand beobachten wir noch einmal, jetzt aus luftiger Höhe, das Geschehen an der Copacabana. Sie erstreckt sich unter uns vier Kilometer lang von den Granithügeln des Ortsteils Leme mit dem Zuckerhut im Hintergrund bis zu dem alten Fort auf den Felsklippen an ihrem südlichen Ende. Kein Wunder, dass die Besucher seit langer Zeit von dieser Szene schwärmen, von einem der schönsten Strände der Erde, mit vorgelagerten Inseln und einem immer bewegten Atlantik.

Wie war das noch? Copacabana, das Wort aus der Sprache der Indios am Titicacasee, bedeutet übersetzt Seeblick. Die Stadtväter gaben diesen Namen einem ganzen Viertel, die Touristen verstehen darunter in erster Linie den Strand und wir genießen ihn, von hier oben, den grandiosen Seeblick.

„Leider müssen wir Abschied nehmen." Ein bisschen Wehmut liegt in Lucias Stimme, die auch wir verspüren. „Der Bus wartet bereits. Claudia wird uns zum Flughafen begleiten."

Ich blicke mich ein letztes Mal um. Langsam verschwindet die Sonne hinter der Hügelkette im Westen. Sie wirft lange Schatten auf die Promenade, auf der sich Spaziergänger, Jogger, Familien mit Kindern und Radfahrer drängen. Am Zeitungskiosk herrscht Hochbetrieb. Die Nachmittagsausgaben sind eingetroffen. Die Plätze auf den Bänken sind belegt. Am Kiosk beim Café stehen die Cariocas Schlange, viele Kinder unter ihnen, um ein erfrischendes Eis zu kaufen.

Eine angenehme Brise weht vom offenen Meer heran. Sie türmt das Wasser auf, bis die Brandung sich bricht, ausläuft und kleine Wellen hintereinander in den Sand formt, die einem Waschbrett gleichen. Interessant, dieses Spiel der Natur zu beobachten und interessant zu erfahren, welche Vorstellungen Journalisten damit verbinden können.

\* \* \*

110

# Anhang

## Liste der Inka-Herrscher / Auswahl

| | |
|---|---|
| Manco Cápac | um 1200 |
| … | |
| Inka Roqa | um 1350 |
| … | |
| Viracocha Inka | um 1410 |
| Pachacútec Yupanqui | 1438 - 1471 |
| Túpac Yupanqui | 1471 - 1493 |
| Huayna Cápac | 1493 - 1527 |
| Atahualpa | 1527 – 1533 |
| Túpac Huállpa | 1533 |
| - - - - - - - - | |
| Manco Cápac II | 1533 - 1544 |
| Sayri Túpac | 1544 - 1561 |
| … | |
| Túpac Amaru | 1570 - 1572 |

## El Condór pasa

Das Lied aus den Anden, El Cóndor pasa, beruht auf dem Volkslied „Soy la paloma que el nido perdió" (Ich bin die Taube, die das Nest verloren hat).
Im April 2004 wurde der Song zum peruanischen Kulturerbe erklärt, zum Patrimonio cultural de la Nación.
Unter der Internetadresse http://elcondorpasaperu.blogspot.com
werden verschiedene Interpreten für El Condór pasa vorgestellt:
Ein klassischer Vortrag der Yawar Inca Perú begleitet auf Flöten der Anden,
Gitarrenversionen von Pepe Torres und César Cuellar Reyes aus Peru,
auf der Harfe gespielt von José Luis Leon aus Paraquay
auf der Violine gespielt von dem Mädchen Maylin Pre Kong aus Juánuco, Peru

## Literatur und Quellennachweis

Gold und Macht der Inka, Time-Life-Books, 1993, Amsterdam
Südamerika, Apa Guide, 1999, Berlin und München
Peru und Bolivien, DuMont Buchverlag, 2001, Köln
Puno Mystic, Inca's Empire Editors, 2002, Cusco
Das sind die besten Strände in Rio, Dirk Fuhrig, welt.de/rio, 2010
incatrail-peru.com, 2011
limaeasy.com, 2011
buenosaires.com 2011
guarani-survival.com, 2011
rio-online.com, 2011

## Bildnachweis

Weitere Bücher des Autors im Verlag Books on Demand

**Russland im Frühling**
Mit dem Schiff von Moskau nach St. Petersburg
ISBN 978-3-8423-4694-9, 88 S.

**Südafrika – auf Spurensuche**
Reiseerinnerungen
ISBN 978-3-8391-8198-0, 144 S.

**Unterwegs**
Reiseerinnerungen 2004 bis 2009 – Mit Beiträgen über die Pfalz, die
Inseln Dalmatiens, den Wilden Westen, die Insel Mauritius, das nörd-
liche Kalifornien und die zu Hawaii gehörende Insel Kauai
ISBN 978-3-8391-3345-3, 172 S.

**Perlen der Seidenstraße**
Mit der Eisenbahn auf alten Karawanenwegen
ISBN 978-3-8370-2156-1, 140 S.

**Sommer in der Antarktis**
Erlebnisse auf einer Kreuzfahrt
ISBN 978-3-8370-2900-0, 84 S.

**Im Herzen der Südsee**
Tahiti, Moorea, Huahine, Raiatea, Bora Bora
ISBN 978-3-8370-1179-1, 60 S.

**Asien – Meine Reisen ins Unbekannte**
(mit Beiträgen über Südostasien, Thailand, China, Sri Lanka,
Indonesien und Indien)
ISBN 978-3-8334-6587-1, 344 S.

**Hawaii – Mein Traum vom Paradies duftet nach Plumeria**
(mit Beiträgen über Big Island, Maui, Oahu, Kauai)
ISBN 978-3-8334-3828-8, 100 S.

**Vom Fernweh getrieben – Impressionen eines Weltreisenden**
(mit Beiträgen über New York, Mexiko, Japan, Taiwan, Libanon,
Marokko, Tunesien, Ägypten und Sinai)
ISBN 978-3-8334-3800-4, 324 S.